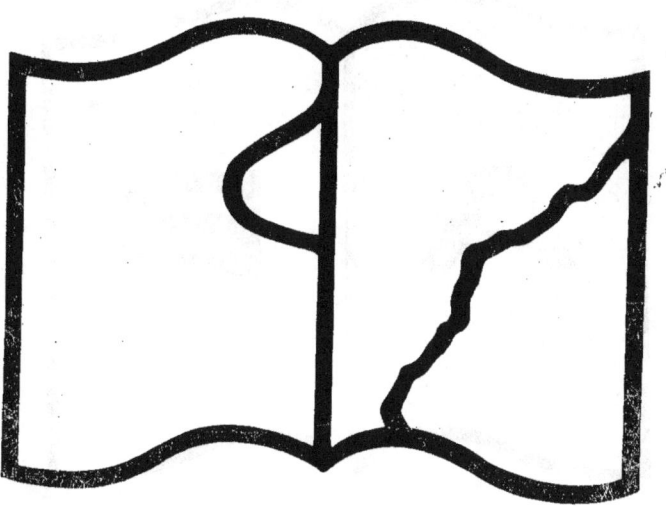

Texte détérioré — reliure défectueuse

**NF Z 43**-120-11

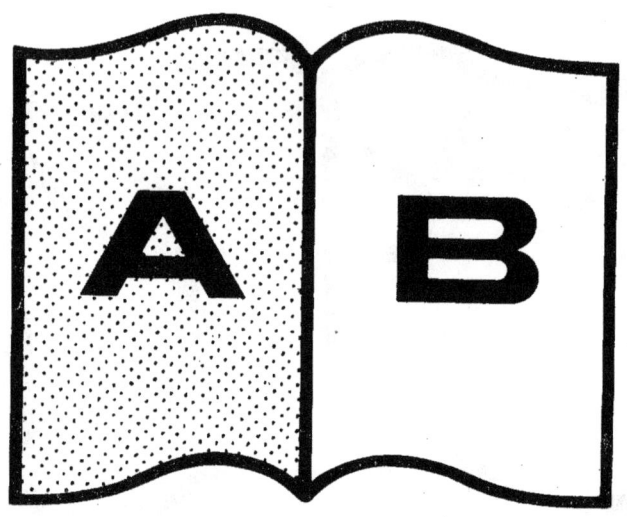

Contraste insuffisant
**NF Z 43**-120-14

# LA BELLE GABRIELLE

### DRAME EN CINQ ACTES ET DIX TABLEAUX
#### PAR
#### AUGUSTE MAQUET

REPRÉSENTÉ POUR LA PREMIÈRE FOIS, A PARIS, SUR LE THÉATRE DE LA PORTE SAINT-MARTIN, LE 23 JANVIER 1857.

### DISTRIBUTION DE LA PIÈCE

| | | | |
|---|---|---|---|
| HENRI IV............................. MM. | DESHAYES. | CASTILLON........................... | MERCIER. |
| CRILLON............................. | LUGUET. | UN FRANCISCAIN..................... | TOUROUL. |
| ESPÉRANCE........................... | FECHTER. | DEUXIÈME FRANCISCAIN, chirurgien... | DUCHATEAU. |
| PONTIS.............................. | BIGNON. | UN PÉNITENT........................ | LANSOY. |
| LA RAMÉE............................ | DESRIEUX. | UN HUGUENOT........................ | HÉBERT. |
| ROSNY............................... | LATOUCHE. | UN OFFICIER........................ | ERNEST. |
| BRISSAC............................. | VERDELET. | UN GUICHETIER...................... | MONNET. |
| ZAMET............................... | BOUSQUET. | GABRIELLE D'ESTRÉES................ Mmes | PAGE. |
| LE GOUVERNEUR DU CHATELET........... | GIBEAU. | HENRIETTE D'ENTRAGUES.............. | LAURENT. |
| M. D'ESTRÉES........................ | STEINER. | LÉONORA GALIGAI.................... | D'HARVILLE. |
| GUGLIELMO........................... | BRÉMOND. | LA COMTESSE D'ENTRAGUES............ | GOY. |
| DON JOSÉ CASTIL..................... | EDOUARD. | GRATIENNE.......................... | BILHAUT. |
| UN VIEIL INTENDANT.................. | VISSOT. | UN PAGE............................ | MORIN. |
| VERNETEL............................ | MARCHAND. | SUZANNE, personnage muet. | |

Gardes du roi, Gardes de Crillon, un Prévôt, Officiers, Invités, un Témoin, Arnaud, Écuyer, Franciscains, deux Sentinelles, Seigneurs, Dames, Soldats espagnols, Bourgeois, Pages, Serviteurs, Pénitents, etc.

Représentation, reproduction et traduction réservées.

## ACTE PREMIER

### PREMIER TABLEAU

Le camp des gardes du roi Henri IV aux environs de Poissy. Au fond, un tertre garni d'un parc d'artillerie. — Chemin qui de ce tertre descend sur le théâtre. A droite, chemin qui plonge et va regagner la vallée. Quartier de Crillon à gauche. Tente de Rosny à droite. — Au loin, paysage de la vallée de Poissy couronné par le bois de Saint-Germain.

### SCÈNE PREMIÈRE.

PONTIS endormi sur l'herbe, il est un peu caché par un banc de gazon sur lequel est assis CASTILLON. — VERNETEL, UN OFFICIER DES GARDES, UN GENTILHOMME HUGUENOT, GARDES, tous assis et groupés pittoresquement. GARDES allant et venant dans le camp. On entend sonner deux heures.

CASTILLON.
Entendez-vous deux heures qui sonnent à Poissy? deux heures et pas de déjeuner!

VERNETEL.
Comme hier!

L'OFFICIER, à part.
Comme avant-hier!

CASTILLON.
Cela va passer en habitude!

VERNETEL.
Oh! non, je ne m'y habituerai jamais! on ne m'a pas fait cette condition-là, quand je suis entré dans les gardes du roi Henri IV. Mais depuis que nous avons interrompu le siége de Paris, depuis cette infâme trêve que le roi vient de signer avec les Parisiens et ceux de l'Ile-de-France...

CASTILLON.
Pour qu'on respecte les biens et les personnes de ces brigands de ligueurs. (Marques de mécontentement.) C'est de la politique de huguenot, cela, la politique de celui qui habite cette tente, de M. de Rosny!

VERNETEL.
Diantre soit de la huguenoterie!

LE HUGUENOT.
Oh! mais, nous en sommes, nous. (Approbation des Huguenots.)
CASTILLON, se levant.
Vernetel a raison. S'il n'y avait en France que de bons catholiques comme moi, le roi irait à la messe et Paris ne lui fermerait pas ses portes, et alors il serait roi tout de bon.
LE HUGUENOT.
Oui? Eh bien que le roi aille à la messe et je quitte son service. (Même mouvement des huguenots.)
CASTILLON.
Et moi, je le quitte s'il n'y va pas!
PONTIS, se soulevant.
Ah ça, vous avez donc encore la force de vous mettre en colère vous autres?
TOUS, se retournant vers lui.
Tiens, Pontis se réveille.
PONTIS, se levant et rattachant son épée.
J'essayais d'endormir mon estomac. Voyons, imbéciles, est-ce que les gardes de S. M. ne sont pas tous de la même religion?
TOUS, se récriant.
Allons donc!
PONTIS.
D'une religion dans laquelle personne ne boit ni ne mange. (on rit. — Se relevant.) Regardez-moi un peu cette ville de Poissy, en voie-t-elle au ciel de la fumée! Que dis-je? des fumées noires, bleues, blondes.
VERNETEL.
Tu fais des distinctions?
PONTIS.
Sambioux! si j'en fais! la fumée bleue est la vapeur d'une eau où bouillottent doucement, œufs, poissons, menus abattis. La noire, sort des fours de boulangers... On cuit de si bon pain à Poissy! La rousse... oh! la rousse s'exhale d'un gril bourré de côtelettes, boudins, saucisses.
CASTILLON.
Veux-tu bien te taire?
PONTIS.
Toutes ces fumées, messieurs, sont catholiques! Paris est catholique, Poissy de même. Tous ces châteaux et ces métairies, catholiques! tout ce qu'il y a de bon dans la vie, catholique! Eh! Messieurs, ne souhaitez donc qu'une chose, c'est que Sa Majesté entre dans une politique nourrissante... Ce jour-là la France est sauvée! (rire universel.)
L'OFFICIER, près de la tente de Rosny.
Deux hommes de corvée, messieurs les gardes.
VERNETEL.
Pourquoi faire?
L'OFFICIER.
Pour escorter le dîner de M. l'inspecteur de l'artillerie. (Deux hommes se détachant, des valets passent portant une large manne chargée de mets, se dirigent vers la tente de M. de Rosny.)
PONTIS.
On va manger si près de nous!
VERNETEL.
Sans nous inviter.
PONTIS.
Non, je ne pourrais entendre de sang-froid le bruit des assiettes, et s'il me fallait sentir l'odeur d'un gigot, je commettrais quelque crime... Une idée! sambioux! une idée!
QUELQUES-UNS, se groupant autour de lui.
Voyons!
PONTIS.
Nous sommes tous gens comme il faut, (tous relèvent fièrement la tête.) gens de bonne mine (Ils se regardent.)
VERNETEL.
Eh! eh!
PONTIS.
Faisons-nous inviter dans le voisinage... en insistant, hein?
CASTILLON.
Mais la trêve...
PONTIS.
La trêve ne dit pas qu'on n'acceptera pas d'invitation à dîner...
CASTILLON.
Mais nous ne pouvons y aller tous.
PONTIS.
Allons-y quatre et nous rapporterons du dessert aux camarades, cela se fait.
VERNETEL.
Mais la consigne?
PONTIS.
Une promenade de trois quarts d'heure.
CASTILLON.
Le colonel?

PONTIS.
M. de Crillon! le père des gardes!.. d'ailleurs, il n'est pas au camp.
VERNETEL.
Demandons au moins la permission à l'officier.
PONTIS.
Heu!... ne faites pas cela... s'il refusait... Allons, Castillon, Vernetel, du Rivet, cela y est-il?
TOUS.
Oui.
PONTIS.
Amusez l'officier... Ai-je faim! une, deux, trois, en route! (Tous se précipitant dans la vallée et disparaissent.)

SCÈNE II.

GARDES, L'OFFICIER, ROSNY, ZAMET, sortant de la tente à droite.

ROSNY, à ses gens.
Je dînerai plus tard... ainsi n'en parlons plus, maître Zamet. (A l'officier.) Où vont ces gardes qui courent si fort?
LE HUGUENOT.
Monsieur, ce sont des camarades qui ont vu un levraut se remettre dans la vigne, et, vous comprenez, un levraut!...
ROSNY, à Zamet.
Ils ont faim! pauvres gens! Encore un coup, Zamet, vous qui êtes si riche, prêtez au roi quelques milliers d'écus.
ZAMET.
Si riche!... si riche!...
ROSNY.
Enfin, dans votre pays, à Florence, vous passez pour avoir...
ZAMET, vivement.
Pas un liard! quelle calomnie. Vous savez bien que je suis brouillé à mort avec mon prince le grand duc de Médicis.
ROSNY.
Je ne le savais pas.
ZAMET.
Et puis, pourquoi se sacrifier, se ruiner pour le roi, quand celui-ci ne songe qu'à se divertir... Son royaume est confisqué, ses soldats meurent de faim... que fait-il, lui? où est-il, le savez-vous, seulement? où plutôt ne le devinez-vous pas?
ROSNY.
Je sais bien que le roi se trompe souvent.
ZAMET.
Trop souvent.
ROSNY.
Vous êtes sévère, monsieur Zamet.
ZAMET.
Au lieu d'accorder une trêve aux Parisiens, il eût fallu battre et rebâtir la ville, l'écraser.
ROSNY.
On voit bien que vous êtes de Florence.
ZAMET.
Votre Paris, vous ne le prendrez pas.
ROSNY.
Voilà des canons qui protestent.
ZAMET.
L'estomac creux comme vos gardes.
ROSNY.
Allons, maître, en voilà assez. Si vous n'êtes pas pour nous, ne soyez pas contre nous. (Zamet s'incline.)
L'OFFICIER.
Une femme est là qui demande à parler au commandant.
ROSNY.
Mais le commandant, c'est M. de Crillon, et il n'y est pas.
L'OFFICIER.
C'est une étrangère à qui le poste voisin a pris son fiancé. Elle se lamente fort.
ROSNY.
Voyons-la. Qu'on l'amène. (L'officier s'éloigne. — A Zamet.) Maître, puisque rien ne peut vous décider à rendre service au roi, dans ce besoin pressant, je ne vous retiens plus.
ZAMET.
Vous n'êtes pas fâché, n'est-ce pas?
ROSNY, à part.
Ladre!
ZAMET.
Nous sommes toujours bien ensemble?
ROSNY, à part.
Reptile, va! (Haut.) Parfaitement bien.
L'OFFICIER, à Léonora.
Venez, mon enfant, voilà M. de Rosny.

## SCÈNE III.

### Les Mêmes, LÉONORA.

LÉONORA.
Ah !

ROSNY.
On vous a pris, dites-vous, votre fiancé !

LÉONORA.
Oui, seigneur, et sans un jeune gentilhomme qui s'est interposé, qui est resté en otage près du capitaine, on nous maltraitait.

ROSNY.
Parce que ?

LÉONORA.
Parce que nous sommes étrangers.

ROSNY.
De quel pays ?

LÉONORA.
Toscans, seigneur.

ROSNY.
Toscans ! tenez, voilà un de vos compatriotes, un illustre, un puissant, le seigneur Zamet.

LÉONORA, à elle-même.
Zamet !

ZAMET, à part.
Bon !... il va me mettre sur les bras cette mendiante.

LÉONORA, froidement.
Je ne connais pas, seigneur.

ROSNY.
Et que demandez-vous ?

LÉONORA.
Un mot, pour le chef du poste, qui alors me rendra mon pauvre fiancé.

ROSNY.
Où alliez-vous, quand vous fûtes arrêtés ?

LÉONORA.
Partout où nous pourrons gagner quelque argent.

ROSNY.
Votre profession ?

ZAMET, à part.
Je gage qu'ils font voir un singe.

LÉONORA.
Je prédis l'avenir.

ZAMET.
Là !

ROSNY, à Zamet.
Cautionnez-vous votre compatriote, M. Zamet ?

ZAMET.
Moi !

LÉONORA, vivement à Rosny.
Seigneur, je me réclame du brave gentilhomme que Dieu a envoyé sur mon chemin, de celui qui a protégé mon fiancé, moi-même, et qui m'a prêté son beau cheval pour que j'arrivasse plus vite ici. Oh ! oui, brave ! oh ! oui, généreux, oh ! oui, beau !

ROSNY, à part.
Voilà une femme reconnaissante. (A Léonora.) Ce seigneur parfait, son nom ?

LÉONORA.
En italien Speranza.

ROSNY.
Espérance ? ce n'est pas un nom connu, et sa caution ne me suffit pas. Si vous voulez que j'écrive au capitaine, obtenez d'abord celle de M. Zamet. Décidez-le.

ZAMET, à part.
Ah ! par exemple !

ROSNY, à Léonora.
Je vais toujours prendre votre nom. (Il tire un carnet de sa poche.)

LÉONORA.
Léonora Galigaï.

ZAMET, frappé du nom, à lui-même.
Hein ? Quoi ! Oh !...

ZAMET, qui s'est retourné vivement.
Plaît-il ? vous consentez ?

ZAMET, très-troublé.
Oui, oui, en vérité, je consens.

ROSNY.
Elle ne lui a rien dit ? (Haut.) Très-bien, alors.

L'OFFICIER, à Rosny.
Monsieur, un ordre pour les salpêtres, je vous prie.

ROSNY.
Venez, je vais l'écrire, après quoi j'écrirai pour cette femme. (Il rentre dans sa tente suivi de l'Officier, Zamet les accompagne jusqu'à l'entrée.)

## SCÈNE IV.

### LÉONORA, ZAMET.

ZAMET.
Quoi, vous êtes Léonora ?

LÉONORA.
Oui.

ZAMET.
La sœur de lait, la favorite de notre jeune duchesse Marie de Médicis ?

LÉONORA.
Oui.

ZAMET.
Et vous venez de la part du grand duc ?...

LÉONORA.
Vous trouver à Paris, car le temps presse.

ZAMET.
Pourquoi faire ?

LÉONORA.
Pour réparer celui que vous avez perdu. Avez-vous oublié que notre jeune duchesse veut devenir reine de France ?

ZAMET.
Non. Mais puis-je commander aux événements ?

LÉONORA.
Vous pouvez les préparer.

ZAMET.
Suis-je cause que le roi ne prend pas Paris, faute d'argent ?

LÉONORA.
Que ne lui en fournissez-vous ?

ZAMET.
Moi ? sur quoi ?

LÉONORA.
Sur les deux millions qui dorment à Florence dans la cave de votre cousin, le fondeur ; secouez ces millions-là !

ZAMET.
Deux millions, vous osez dire...

LÉONORA.
C'est le grand duc qui le dit.

ZAMET, s'inclinant.
Soit, mais mon argent ne fera pas que le roi s'occupe de ses affaires au lieu de s'occuper de ses amours.

LÉONORA.
Quels amours ?

ZAMET.
Une jeune fille, belle, noble, Gabrielle d'Estrées, dont il est épris jusqu'à la folie.

LÉONORA.
S'il l'aime au point de s'attacher à elle, comment déjà n'est-elle pas remplacée ? Vous le savez, tout pour notre duchesse, pour sa fortune, pour sa gloire, tout ! fût-ce ma vie !

ZAMET, à part.
Fût-ce mon argent !

LÉONORA.
Accompagnez-moi d'abord, pour que je délivre le seigneur Speranza et que je reprenne Concino.

ZAMET, à lui-même.
Le fiancé ne vient qu'après. (Haut.) Et puis ?

LÉONORA.
Et puis, à Paris, vous me prendrez à votre service, et nous commencerons tous deux à préparer à la duchesse son glorieux avenir ! Sachez, Zamet, qu'à Florence on est mécontent de vous.

ZAMET, à part.
Et qu'on tient la clé de la cave !...

LÉONORA, apercevant Rosny.
Silence !

## SCÈNE V.

### Les Mêmes, ROSNY.

ROSNY.
Ils se taisent quand j'arrive... (A Léonora.) Voici la lettre au capitaine. (Elle prend la lettre, et, à lui.) Dînez-vous avec moi, monsieur Zamet ?

ZAMET.
Non, non. J'accompagnerai quelques pas cette pauvre femme ; il faut bien aider ses compatriotes. (Ils se disposent à sortir.)

## SCÈNE VI.

### Les Mêmes, ESPÉRANCE.

ESPÉRANCE, sur le tertre à des gardes qui lui barrent le passage.
Je vous répète, messieurs, que je désire parler à monsieur de Crillon.

LÉONORA, s'arrêtant.

Speranza !

ESPÉRANCE.

Mon Italienne ! (Il descend vivement.)

LÉONORA, lui montrant la lettre.

J'ai la lettre pour le capitaine.

ESPÉRANCE.

Elle devient superflue. L'affaire s'est arrangée pour un peu d'argent...

LÉONORA.

Que vous avez donné, généreux seigneur !

ESPÉRANCE.

Une misère.

ROSNY.

La justice se vend ?...

ESPÉRANCE, se retournant.

Non, monsieur, elle se nourrit. (A Léonora.) Donc, le pauvre Concino est libre, il vous attend, consolez-vous, ma belle.

LÉONORA.

Comment n'être pas consolée en vous voyant ?

ZAMET, qui prend congé de Rosny.

Je vais remplacer le protecteur.

LÉONORA, vivement à Espérance.

Ne le croyez pas !... rien ne vous remplacera jamais... (Elle montre son front.) Ni là... (Elle montre son cœur.) Ni là... jamais !

ESPÉRANCE.

Merci et adieu !

LÉONORA.

Au revoir, Speranza... (Elle part, sans le perdre des yeux, par le sentier à gauche.)

## SCÈNE VII.

ESPÉRANCE, seul. Gardes au fond.

ESPÉRANCE.

Au revoir ? Dieu sait quand ! (On entend sonner trois heures.) Trois heures ! Si monsieur de Crillon tarde trop, je n'attendrai pas, j'arriverais trop tard à Ormesson, près d'Henriette. (Bruit, cris.) Qu'est-ce que tout cela ?

## SCÈNE VIII.

ESPÉRANCE, PONTIS, VERNETEL, CASTILLON, LE HUGUENOT, Gardes. (Cris de joie et rires bruyants au fond.)

LE HUGUENOT.

Eh oui, les voilà, on dirait des buffets qui marchent !

PONTIS.

Victoire ! débarrassez-moi de ces trophées, ménageons les volailles, respectons le lard ! les plus grands égards pour la dame-jeanne ! (Tous les gardes se sont empressés autour d'eux. Pontis paît, en l'air sur ses mains un plat de terre fumant, et tient sous son bras un pain. Des canards et des pigeons pendent à son col en sautoir. Vernetel est chargé d'un lapin d'un pain rond et d'un faisceau de boudins et de saucisses... Castillon porte sur son épaule une dame-jeanne. Cris d'admiration.)

LE HUGUENOT.

Mais dans le plat ! dans le plat ! qu'est-ce qu'il y a ?

PONTIS, qui a encore le plat sur la tête, le dépose à terre.

Tenez !

LE HUGUENOT.

Un pâté de hachis ! bouillant encore.

PONTIS.

Ne le laissons pas refroidir. (Tous coupent des tranches et font des tartines. Pendant ce temps Pontis boit.)

ESPÉRANCE, à part.

Qui donc disait qu'on ne mange pas dans l'armée du roi ?

PONTIS.

Voyons, du feu pour les broches ; et pour faire sauter le lapin... (Prenant le casque d'un soldat.) Un casque !

LE HUGUENOT.

On vous a donc invités quelque part ?

VERNETEL, mangeant.

Ah bien, oui, nous frappons à une maison de bonne mine là-bas...

CASTILLON, mangeant.

Bien poliment !

PONTIS, plumant un canard.

On nous jette la porte au nez !

LE HUGUENOT.

Des ligueurs ! Des Espagnols ! (Cris d'indignation.)

PONTIS.

C'est ce que je me suis dit tout de suite. Là-dessus, tous mes scrupules se sont dissipés, je donne un croc en jambe au concierge et nous entrons ! où ?

CASTILLON.

Dans la cuisine !

VERNETEL.

Un feu à rôtir tout Poissy !

PONTIS.

Des parfums à faire évanouir Saint Antoine ! Figurez-vous que les volailles se promenaient là par troupeaux, dans une cuisine ! quelle imprudence ! J'en attrape plusieurs, le concierge crie. Deux valets accourent armés de broches et de lardoires...

LE HUGUENOT.

Vous avez dégainé ?

PONTIS.

Contre la batterie de cuisine, allons donc ! j'ai fait mieux : J'ai empoigné un tison ou plutôt une massue ardente et suis tombé sur cette canaille à grands coups de bûche. (On rit.) Éblouis par une pluie de feu ils ont reculé, alors j'ai jeté à mon cou ce collier de pigeons et de canards, saisi le plat de hachis. — Castillon et Vernetel m'imitaient, nous avons fait retraite en équerre et nous voici.

TOUS.

A la santé de Pontis !

PONTIS.

A ma santé !

ESPÉRANCE.

Voilà un amusant compagnon !

PONTIS.

Messieurs, nous n'avons pas dîné hier, nous ne dînerons peut-être pas demain. — Aujourd'hui joie et bombance !... (Mouvement joyeux.)

PONTIS, à tous.

Ah ça, tout le monde est servi ?...

TOUS.

Oui, oui ! (Cris au loin.)

LE HUGUENOT.

On crie là-bas, tu n'entends pas ? (Cris plus rapprochés.)

PONTIS, sans se déranger.

Ventre affamé n'a pas d'oreilles.

VERNETEL.

C'est après nous, peut-être ?

LE HUGUENOT, qui est remonté sur le tertre.

Un homme accourt.

PONTIS.

Laisse-le courir.

CASTILLON, de même.

Il entre au camp. — Alerte, sentinelle ! (Cris, bruit de lutte.)

ESPÉRANCE, à part.

Diable ! diable ! cela se gâte !

## SCÈNE IX.

Les Mêmes, LA RAMÉE, puis ROSNY.

LA RAMÉE, bousculant le factionnaire.

Les chefs ! où sont les chefs ?

L'OFFICIER.

Plaisantez-vous, d'entrer ici le couteau à la main ?

LA RAMÉE.

Les chefs !

L'OFFICIER.

J'en suis un !

LA RAMÉE.

Il m'en faut un plus puissant que vous !

ROSNY, paraissant.

Qu'y a-t-il ?

LA RAMÉE.

Rosny ! à la bonne heure. — Il y a, monsieur, que je demande vengeance.

ROSNY.

Commencez par jeter votre arme. — Allons ! (Les gardes arrachent le couteau à La Ramée.) Qui êtes-vous ?

LA RAMÉE.

La Ramée, — gentilhomme.

ESPÉRANCE, à part.

La Ramée... Ce misérable dont m'a parlé Henriette !...

ROSNY.

Que vous a-t-on fait ?

LA RAMÉE.

J'étais près de mon père qui est au lit, blessé, quand un bruit de lutte vint nous surprendre ; des étrangers avaient forcé l'entrée de ma maison, frappé, blessé mes gens, volé mon bien.

VOIX.

Oh !... volé !... oh !

ROSNY.

Silence !

LA RAMÉE.
Et enfin, ils ont pris des tisons au foyer et mis le feu à la grange qui brûle en ce moment... regardez!

ROSNY, se retournant pour regarder.
En effet, voilà une grosse fumée!

ESPÉRANCE.
Diable! diable! (Pontis et les gardes sont consternés.)

LA RAMÉE.
C'est de quoi je demande vengeance.

ROSNY.
Les coupables sont donc ici?

LA RAMÉE.
Parbleu!

ROSNY.
Avant tout, il faut porter secours!...

LA RAMÉE.
Oui, cherchez quelque subterfuge...

ROSNY, contenant les gardes.
On voit bien que vous nous savez en pleine trêve et que la parole sacrée du roi vous garantit.

LA RAMÉE.
Elle m'a étrangement garanti tout à l'heure. (Murmures.)

ROSNY.
Vous avez raison, justice vous sera faite. Mais reconnaissez d'abord les coupables.

LA RAMÉE.
Ce ne sera pas long!

L'OFFICIER, et plusieurs gardes à Rosny.
Mais, monsieur, c'est un ligueur, un Espagnol!

ROSNY.
C'est un homme offensé, lésé, qui nous accuse de rapine, de violence, d'incendie!... Où est l'avenir de notre cause, si nous ne nous faisons pas estimer de nos ennemis! Allons, monsieur, voici devant vous messieurs les gardes... cherchez parmi eux... et ceux que vous reconnaîtrez!

LA RAMÉE, commençant sa revue.
Des gens d'honneur se dénonceraient!

ESPÉRANCE, à part.
Voilà un mauvais garnement!

CASTILLON, à Pontis.
Motus! nous avons la chance qu'il ne nous reconnaisse pas!

LA RAMÉE, désignant Vernetel.
En voici un!

VERNETEL.
Aïe!

LA RAMÉE, désignant Castillon.
En voici un autre!

CASTILLON, à part.
Brigand, va!

LA RAMÉE.
Attendez! attendez!

PONTIS, avec force.
Sambioux! non! Je n'attendrai pas!... dire que tout le corps des gardes se laisse inspecter par ce bélitre pour un morceau de hachis, c'est humiliant!

LA RAMÉE, désignant Pontis.
Et celui-là!

PONTIS.
Oui, celui-là, moi, est un brave homme affamé qui voulais demander honnêtement place à table et qui, outré de me voir refuser la porte...

LA RAMÉE.
A volé.

CASTILLON.
Acheté! acheté!

VERNETEL.
Oui, acheté!

TOUS LES GARDES.
Acheté! acheté!

LA RAMÉE.
Vous mentez! (Murmures.)

PONTIS.
Eh oui, mes amis, vous mentez, monsieur a raison. — Est-ce qu'il y a de l'argent chez nous! — jamais — mais il y a de l'honneur et je vais le prouver à ce soi-disant gentilhomme. — C'est moi qui ai conçu le projet, moi qui ai forcé la porte, moi qui ai rossé les valets, pris les volailles. — Mes amis n'en savaient rien. (Aux gardes qui réclament.) Taisez-vous. — C'est moi qui ai lancé les tisons; non, pour incendier au moins, Dieu m'en préserve! mais enfin je les ai lancés. — Il n'y a que moi de coupable. — Je me livre.

CASTILLON, VERNETEL, et quelques soldats.
Monsieur, monsieur, ne le croyez pas, nous en sommes.

LA RAMÉE.
S'ils en sont! je le crois, pardieu, bien!

ROSNY.
Ah! il vous faudrait trois victimes!

LA RAMÉE.
Il est écrit que toute infraction à la trêve, c'est-à-dire, l'incendie, le vol et la violence seront punis de mort. (Stupeur parmi les gardes.)

ESPÉRANCE.
De mort!

PONTIS.
De mort! Vous demandez notre mort?

LA RAMÉE.
C'est écrit, c'est signé de votre roi!

ROSNY.
Vous ne parlez pas en chrétien; mais vous êtes dans votre droit. Prévôt! — Assurez-vous de ce garde. (Le Prévôt paraît et s'approche de Pontis.)

LA RAMÉE.
Voilà tout ce que je demande : le châtiment du plus coupable, je pardonne aux autres. (Fureur des gardes, tandis que La Ramée sourit ironiquement, et que Pontis, le Prévôt, Rosny et quelques gardes se dirigent vers la tente de Rosny où l'instruction va se faire.)

ESPÉRANCE, à part.
Ah! par exemple, je ne puis pas en supporter davantage... (Il s'approche de La Ramée.) Monsieur! (Il lui touche l'épaule.)

LA RAMÉE.
Plaît-il?

ESPÉRANCE.
Je gage que vous êtes bien embarrassé?...

LA RAMÉE.
De quoi?

ESPÉRANCE.
De tout ce que vous venez de dire là. — Dans la colère on parle, on crie, on s'échauffe, on se fait plus méchant qu'on n'est, et, l'accès passé, on s'en veut d'avoir été si loin.

LA RAMÉE.
De quoi vous mêlez-vous, je vous prie? faites-moi grâce de votre morale. (Il tourne le dos à Espérance, celui-ci le prend par l'épaule et le retourne en le faisant pirouetter.)

ESPÉRANCE.
Pardon! je disais, que si vous eussiez été dans votre sang-froid, vous n'eussiez pas, pour si peu, demandé la vie d'un homme. (Rires et huées des gardes qui se sont approchés.)

LA RAMÉE.
N'êtes-vous pas honteux, si vous me cherchez querelle, de recruter une centaine d'auxiliaires contre un seul ennemi?

ESPÉRANCE.
Vous n'avez pas de meilleur ami que moi. Je veux vous épargner un remords éternel.

LA RAMÉE.
Merci. Nous nous reverrons. (La Ramée s'éloigne encore. — Espérance le saisit à la ceinture et le rejette en face de lui. — Mouvement de fureur des gardes qui menacent La Ramée.)

ESPÉRANCE, les apaise du geste. A la Ramée.
Je ne veux pas, moi, que ce malheureux meure. Vous dites qu'on a brûlé votre grange! Cette grange et toute la propriété appartiennent à la famille d'Entragues, dont vous êtes les intendants, les fermiers, les... je ne sais quoi.

LA RAMÉE.
Hein?

ESPÉRANCE.
Voilà pour la grange. Vous, vous êtes un de ces vertueux fanatiques qui ont sucé, au lieu de lait, le fiel et le vinaigre de sainte mère la ligue. — Votre père, un Français, a été blessé en se battant contre les Français pour les Espagnols — et vous... qui depuis la trêve, ne pouvez plus vous embusquer derrière les haies, comme l'an dernier près d'Aumale....

LA RAMÉE.
Près d'Aumale...

ESPÉRANCE.
Où fut assassiné d'un coup d'arquebuse, un jeune seigneur Huguenot, Urbain du Jardin... autrefois page de M. d'Entragues.

LA RAMÉE.
Urbain!... m'accusez-vous de ce meurtre?

ESPÉRANCE.
Oui.

LA RAMÉE.
L'an dernier on était en guerre, et à la guerre...

ESPÉRANCE.
Derrière une haie, ce n'est plus la guerre, c'est l'affût, et d'ailleurs un soldat ne dépouille pas les morts... et vous avez pris à votre victime une bague de femme qu'on vous avait chargé de reprendre.

LA RAMÉE.
Monsieur!...

ESPÉRANCE, (bas)
Vous voyez que je vous connais ! et qu'un mot de moi vous mènerait loin. (Reparaissent Pontis — le Prévôt et les gardes — ainsi que Rosny.)

ESPÉRANCE, vivement.
Messieurs les gardes... (Apercevant Rosny, il le salue.) Nous venons de nous entendre, monsieur et moi. le dommage monte à cent pistoles — je les paie. — Tout est fini. (Il montre sa bourse qu'il va donner à La Ramée.)

PONTIS.
Est-ce vrai ?

TOUS.
Il paie !...

ROSNY.
Brave garçon !

LA RAMÉE.
Ce n'est pas votre argent qu'il me faut : après ce que vous venez de dire, c'est votre vie ! et si vous n'êtes pas un lâche...

ESPÉRANCE, bas.
Pas d'arquebuse, surtout ! (La Ramée jette la bourse.)

TOUS.
Il menace ! Il refuse !... Il refuse !... malheur !...

UNE VOIX AU LOIN.
Le colonel ! (Roulement de tambour.)

TOUS.
Le colonel !

ROSNY.
Monsieur de Crillon ! tant mieux. (Il court à sa rencontre).

ESPÉRANCE.
Monsieur de Crillon !

## SCÈNE X.

LES MÊMES, CRILLON, suivi d'une escorte.

CRILLON, à Rosny.
Ah ! vraiment ! où est l'inculpé ?

PONTIS.
C'est moi, monsieur !

CRILLON.
Fouler le pauvre peuple, c'est mal ! et c'est défendu ! (Regardant La Ramée et Espérance.) Lequel des deux se plaint ?

ESPÉRANCE, vivement.
Pas moi !

CRILLON, se tournant vers La Ramée.
Ah ! c'est monsieur, que lui a-t-on pris ?

PONTIS.
Un lapin et des poules.

ROSNY.
Oui, mais on a brûlé une grange.

PONTIS.
Pour laquelle ce généreux seigneur offrait cent pistoles.

CRILLON.
Cent pistoles de paille ; c'est raisonnable.

PONTIS.
N'est-ce pas, monsieur ?

CRILLON, à Pontis.
Tais-toi, cadet. — (A Rosny.) Eh bien ! monsieur voudrait avoir plus de cent pistoles ?

ROSNY.
Il réclame l'exécution de la trêve.

CRILLON.
Quelle trêve ?

LA RAMÉE.
Il n'y en a qu'une, je pense.

CRILLON.
Est-ce à moi que vous parlez ?

LA RAMÉE.
Sans doute.

CRILLON.
C'est qu'alors on ôte son chapeau, mon maître ! (Mouvement de quelques gardes qui s'approchent menaçants de La Ramée. — Il se découvre lentement.) Que dit cette trêve ?

PONTIS, immobile.
Elle dit qu'on me passera par les armes.

CRILLON.
Pour des poulets ?

PONTIS.
Pour des canards ! et voyez, le Prévôt m'avait déjà saisi.

CRILLON.
Qui a ordonné cela ?

ROSNY.
Mais, moi.

CRILLON.
Harnibieu !... (A La Ramée) et c'est toi qui réclames la peine de mort contre mon garde ?

LA RAMÉE.
Oui.

CRILLON.
Quand l'on t'offre quatre-vingts pistoles de rançon ?

LA RAMÉE.
Oui.

CRILLON, marchant vers La Ramée.
Eh bien, je vais te faire une autre proposition, moi ; et je gage que tu ne réclameras pas après l'avoir entendue. (Mouvement de joie et de curiosité parmi les gardes.) M. de Rosny t'avait prêté mon prévôt, moi je te le donne tout à fait. Regarde un peu la belle branche. Si dans deux minutes tu n'as pas regagné ta tanière, dans trois, tu vas être accroché là ! (Explosion de rires.)

LA RAMÉE.
Morbleu ! je suis gentilhomme et au-dessus de vous est le roi.

CRILLON.
Le roi ? Tu as parlé du roi, ce me semble — il n'y a de roi ici que Crillon... Une corde, prévôt, et une bonne. (Le Prévôt faisant tourner la corde se met à la poursuite de La Ramée.)

LA RAMÉE.
Oh !... (Il recule devant la corde qui siffle. Vivats, cris, trépignements des gardes.)

ESPÉRANCE, courant à lui.
Et notre petite conversation ? hein ?

LA RAMÉE, reculant toujours.
Vous ne perdrez rien pour attendre. (Il s'enfuit, huées des gardes.)

LES GARDES.
Vive Crillon ! vive Crillon !

CRILLON, avec force.
Vous êtes tous des coquins ! que je ferais pendre, si le chanvre ne coûtait pas si cher !

PONTIS, à Espérance.
Ah ! monsieur, ce n'est point fini entre nous, et je me sens une reconnaissance qui vivra autant que moi !

CRILLON.
Bien, cadet, bien ! j'aime les gens qui contractent de pareilles dettes — et qui les paient. — (A Espérance.) Quant à vous, monsieur, je vous remercie pour mes gardes. Vous me plaisez, harnibieu !

ROSNY.
Ce jeune homme était venu pour vous parler, il vous cherchait.

CRILLON.
Vraiment ? Eh bien, il m'a trouvé ! (Rosny se retire avec les officiers.) Me feriez-vous le plaisir de me demander quelque chose ?

ESPÉRANCE.
Mon Dieu, non, monsieur.

CRILLON.
Tant pis !

ESPÉRANCE.
Je vous apporte une lettre tout simplement.

CRILLON.
La personne qui m'écrit a choisi un agréable messager. — De quelle part ?

ESPÉRANCE.
Il me paraît que c'est de la part de ma mère.

CRILLON.
Comment, vous n'en êtes pas certain ?

ESPÉRANCE, lui remettant la lettre.
Ma foi, non, monsieur, mais lisez, et vous en saurez autant que moi, peut-être plus.

CRILLON.
Enfin, qui est votre mère ?

ESPÉRANCE.
Ah !... je ne sais pas.

CRILLON.
Mais votre nom ?

ESPÉRANCE.
Espérance.

CRILLON.
Ce n'est pas un nom de famille ?

ESPÉRANCE.
Je n'ai pas de famille. — Mais lisez, lisez, et ce que vous aurez appris, vous me rendrez le service de me l'apprendre.

CRILLON.
Soit !...

PONTIS, aux autres.
Laissons notre ami faire ses affaires avec le colonel. Tous s'éloignent par différents côtés. Pontis, après avoir serré la main à Espérance.

CRILLON, à part.
Un cachet noir... ce parfum, je le connais, ce me semble... (Il lit, une expression de surprise, puis de stupeur, se peint sur son visage. Il baisse la tête. Il soupire.) Celle que j'ai tant cherchée, tant regrettée. Le seul souvenir qui fasse honte à Crillon !

ESPÉRANCE, à Crillon.

Monsieur, la commission vous serait-elle désagréable, ne m'en veuillez pas. J'ignore absolument ce qu'il peut y avoir dans cette lettre.

CRILLON, à part.

Il lui ressemble en effet!... Dépeignez-moi votre mère, si vous ne pouvez la nommer.

ESPÉRANCE.

Je ne l'ai jamais vue.

CRILLON.

Qui vous a élevé, alors?

ESPÉRANCE.

Une nourrice qui est morte quand j'avais cinq ans. Puis un vieux savant qui m'a donné des maîtres de toute sorte, écuyers, officiers, qui m'ont appris à manier les armes.

CRILLON.

A devenir méchant!

ESPÉRANCE.

Moi méchant! oh non, ma nature est privilégiée, Dieu n'y a pas versé une goutte de fiel. Un méchant m'étonne. Je n'y crois jamais tout à fait. Je tourne autour comme autour d'une bête curieuse. S'il mord ou qu'il m'égratigne, je me figure que c'est pour jouer. — S'il est venimeux et qu'il blesse, je l'écarte pour qu'il ne fasse pas de mal aux autres. Oh! non, monsieur le chevalier, je ne suis pas méchant.

CRILLON, comme à lui-même.

Il a fallu bien du courage à votre mère pour se priver d'un fils tel que vous. Elle se révèlera un jour, comptez-y. (Il s'assied.)

ESPÉRANCE.

Je n'ai plus cet espoir. — Il y a six mois, dans la petite terre que j'habite en Normandie, je vis entrer un vieillard, d'une belle figure, vêtu de noir, qui, me saluant avec respect, et contenant un soupir, un sanglot, me tendit une lettre pareille à celle que je viens de vous apporter. Elle était cachetée de même. Et ce qu'elle renfermait, signifie que je ne reverrai, que je ne connaîtrai jamais ma mère.

CRILLON, l'invitant à s'asseoir près de lui.

Ce qu'elle renfermait...

ESPÉRANCE.

Écoutez : (Il recueille ses idées.) « Espérance, je suis votre mère.
» C'est moi qui du fond de ma retraite où votre souvenir m'a
» fait supporter la vie, n'ai cessé de veiller sur vous. J'ai
» bien souffert de ne pouvoir vous appeler mon fils, mais j'ai
» tellement souffert de ne pouvoir vous embrasser, que ma vie
» s'est consumée dans cette soif ardente comme une fièvre.
» L'honneur d'un nom illustre dépendait de mon silence. Le
» moindre pas que j'eusse fait vers vous, m'eût coûté votre
» vie! Aujourd'hui, placée sous la main de la mort, bien sûre
» du serviteur que je vous envoie, je dépose pour vous dans
» cette lettre le baiser qui s'élancera de mes lèvres avec mon
» âme. (Il s'est levé sur la fin des derniers mots.)
» On me dit que vous êtes beau; que vous êtes grand : tout
» le monde vous aimera. J'ai tâché que vous fussiez riche, et
» pas un père de famille, fût-il prince, ne vous refusera sa fille
» à cause de votre don.
» Il faut que je vous quitte, mon fils. La chaleur de la vie
» abandonne mes doigts, mon cœur seul est encore vivant. Je
» vous recommande de ne me point maudire et d'accueillir
» parfois mon fantôme triste et doux qui viendra vous visiter
» dans vos rêves. Je fus une mère tendre et fière dans un corps
» que vous pouvez vous représenter noble et beau.
» Adieu, je vous avais nommé Espérance, parce que en vous
» était tout mon espoir sur la terre. Aujourd'hui encore, vous
» vous nommez pour moi Espérance, je vous attends au ciel
» pour l'éternité. » — Et pas de signature!...

(Crillon se lève silencieusement, fait quelques pas, ému, agité.)

CRILLON, lisant sa lettre.

« Je fais connaître mon fils Espérance à M. de Crillon, afin
» que le hasard ne les oppose jamais l'un à l'autre, les armes à
» la main. De Venise, au lit de la mort. » — Et pas de nom! C'est cela! Oui, oui, noble femme! — Ce qu'elle n'avoue pas à son fils, ce n'est point à moi de le lui dire, je me tairai, j'en fais serment!

ESPÉRANCE, un peu à l'écart.

Votre lettre, monsieur, en dit-elle plus que la mienne?...

CRILLON.

Non; c'est une recommandation, mystérieuse, anonyme. — Voyez.

ESPÉRANCE, jette un regard sur la lettre que Crillon lui laisse voir un instant.

C'est vrai (Avec un soupir.) Eh bien, puisque je n'ai plus rien à faire ici, je prends congé de vous, monsieur, pardonnez-moi l'embarras que je vous ai causé.

CRILLON.

Vous me quittez déjà?

ESPÉRANCE.

On m'attend ce soir.

CRILLON.

Où?

ESPÉRANCE.

Assez loin d'ici. — A Ormesson.

CRILLON.

A Ormesson? Mais, Ormesson, c'est un château habité seulement par madame d'Entragues. — C'est là que vous allez?!... chez ces deux coquines, la mère et la fille qui font la guerre au roi et à la cour à Brissac, parce qu'il est gouverneur de Paris pour l'Espagne. — Vous allez dans ce nid de vipères où l'on conspire quand on ne tue pas?

ESPÉRANCE.

Mais...

CRILLON.

Vous n'allez pas là, pour la mère, pour la vieille Marie Touchet. C'est donc pour ce jeune démon qu'on appelle sa fille?

ESPÉRANCE.

Monsieur!...

CRILLON.

Un moment. Votre mère vous recommande à moi. Ormesson, c'est une maison funeste! n'y allez pas!

ESPÉRANCE.

Vous me dites d'avoir peur d'une femme! vous! le brave Crillon! On voit bien que vous ne connaissez pas Henriette.

CRILLON.

C'est vrai! — C'est Henriette qu'elle s'appelle!

ESPÉRANCE.

Vous savez son nom?

CRILLON.

Et je sais aussi celui du malheureux Urbain du Jardin, qui est mort dans mes bras, et qu'elles ont fait assassiner.

ESPÉRANCE.

Elles! Mais ce jeune homme n'avait rien de commun avec les dames d'Entragues, Henriette m'a raconté cette histoire.

CRILLON.

Je vous la raconterai à mon tour. (A ses gens.) Mes chevaux! (Appel du tambour, prise d'armes pour la sortie du colonel. — A Espérance.) Je vais vous accompagner jusqu'à moitié route; et si vous persistez après m'avoir entendu, libre à vous.

ESPÉRANCE, rêveur, à part.

Crillon le dit!

## SCÈNE XI.

### Les Mêmes, PONTIS.

PONTIS.

Mon colonel!... Ah! le jeune homme n'est pas parti!... Mon colonel, ce coquin de La Ramée vient de monter à cheval, on l'a vu se glisser dans le bois, comme pour se mettre en embuscade.

CRILLON.

Observe ce drôle, observe-le seulement, et suis de loin monsieur Espérance, jusqu'à Ormesson, où il va!

PONTIS.

Bien.

CRILLON.

Qu'il ne s'en doute pas... tu l'offenserais. Va, et s'il lui arrivait malheur, souviens-toi...

PONTIS.

Je me souviens qu'il m'a sauvé la vie! (Pontis et Espérance échangent un salut amical.)

CRILLON.

Allons, Espérance... à cheval! à cheval! (Tous les gardes se rangent militairement, au moment où le colonel gravit le sentier, Espérance le suit, puis Pontis.)

## DEUXIÈME TABLEAU

L'appartement d'Henriette, à Ormesson. — Pavillon. Belle chambre avec entrée à gauche. — Grande fenêtre au fond, ou plutôt large vitrail. — Un marronnier élancé jusque-là ses branches énormes. — A droite, porte de la chambre à coucher d'Henriette; à gauche, une toilette, avec bougies; fauteuil, pliants. — Le soir vient.

## SCÈNE PREMIÈRE.

### HENRIETTE, SUZANNE, UN PAGE.

HENRIETTE, au page qui est à sa droite.

Vous ferez mes excuses à monsieur le comte d'Auvergne, mon frère et à ses hôtes. Je ne paraîtrai pas au souper. (Elle s'assied près de la toilette. A Suzanne, quand le page est sorti.) Oui, Suzanne, prévenez madame d'Entragues, ma mère, que je suis lasse et me retire chez moi. — Merci, je me déferai seule. (Suzanne sort.) Me voilà bien libre! (regardant une horloge.) Sept heures seulement... Espérance ne doit venir qu'à huit... Aujourd'hui est le grand jour! lui permettrai-je de demander ma main à ma mère... ma main! comme si j'avais le droit de la lui refuser. D'ailleurs, je l'aime... il est si beau!... il est si riche... Combien on va me l'envier! (Elle se lève.) Oh! s'il y avait comme autrefois une cour! l'éblouissante entrée que nous y ferions, lui et moi, entre une double haie de seigneurs pâlissants, et de femmes jalouses. Il sera duc, prince, tout ce qu'il voudra!... Je l'aime!... (On entend frapper à la porte de gauche.) Qu'y a-t-il? qui est là?..

### SCÈNE II.

HENRIETTE, LA COMTESSE, suivie de SUZANNE.

LA COMTESSE.

Moi, mademoiselle, qui vous prie de rester habillée pour recevoir monsieur le comte de Brissac, qui attend et veut vous voir.

HENRIETTE.

Mon Dieu!... mais ma mère...

LA COMTESSE, solennellement.

Nous sommes chefs de parti, ma fille, ne l'oubliez pas! Désobliger le gouverneur de Paris, c'est désobliger Sa Majesté Philippe II, le roi d'Espagne, presque le nôtre... Allons, belle mine, et bon visage... vite! (A Suzanne.) Avertissez le page, qu'il introduise monsieur le comte de Brissac... Rangez les siéges, Henriette.

HENRIETTE, avec inquiétude.

Sept heures et demie!

### SCÈNE III.

LES MÊMES, BRISSAC, LE PAGE.

LE PAGE, annonçant.

Monsieur le comte de Brissac, gouverneur de Paris!

BRISSAC.

Est-ce que je gêne? (A la comtesse.) A vos pieds, belle comtesse. Je charme tout, sera donc votre éternelle devise? (A Henriette.) Est-ce bien là ma petite Henriette, l'enfant mutin, dont les saillies et les colères me faisaient tant rire?... Digne fille d'une déesse.. On dirait qu'elle me boude?

HENRIETTE.

Monsieur le comte...

LA COMTESSE.

Excusez la sauvagerie d'une recluse. Revenue hier seulement de Normandie où elle vivait chez sa tante, dans une austérité de couvent... le bruit et l'éclat l'effarouchent, seigneur.

BRISSAC.

Le fait est qu'elle se cache... dans ce pavillon, au bout du monde en vérité.

LA COMTESSE.

Sinon au bout du monde, du moins au bout du parc. (Le page a préparé des siéges, ils s'asseyent.) Une thébaïde qu'elle a choisie; j'aime cet amour de la solitude dans une jeune fille. Solitude est tutrice de piété et de modestie. Levez les yeux, Henriette, sur monsieur de Brissac, je le permets.

BRISSAC, à Henriette.

Je suis peut-être le premier homme qu'on ait admis dans cette retraite: précieuse faveur, mademoiselle.

LA COMTESSE.

Epargnez sa modestie, comte... changeons d'entretien... Sait-on les projets de l'ennemi après la trêve? Où est à présent l'impie, le Nabuchodonosor?

BRISSAC.

Qui cela? le roi?

LA COMTESSE.

Fi! vous l'appelez roi... il ne l'est pas.

BRISSAC.

Ma foi, je l'appellerai comme vous voudrez. Où il est, je ne le sais pas. Je me repose, moi, depuis la trêve, après on verra.

LA COMTESSE.

Le Philistin veille, peut-être, tandis que vous vous reposez.

BRISSAC.

Lui?... s'il veille, c'est pour songer à ses amours.

LA COMTESSE.

Dites à ses monstruosités.

BRISSAC.

Eh! la belle Gabrielle n'est pas une monstruosité si méprisable.

LA COMTESSE, à demi-voix.

Quelle Gabrielle?

BRISSAC.

D'Estrées... une fleur des champs qui vient d'éclore. Est-ce que vous ne connaissez pas son père!... d'Estrées qui a cette belle maison contiguë au couvent des Franciscains de Bezons.

LA COMTESSE.

Non! Dieu merci. Quel scandale!

BRISSAC.

Bah! ce scandale-là ne durera pas longtemps; on assure qu'il va déjà faire place à un autre.

LA COMTESSE.

Qui, encore?

BRISSAC.

Un soulier de velours et un bas de soie qu'il a entrevus au bord de l'Oise, devant le bac.

HENRIETTE.

Devant le bac?

LA COMTESSE.

Vous dites, mademoiselle?...

BRISSAC.

Cela se passait mercredi, à deux heures.

HENRIETTE.

Mercredi, à deux heures...

LA COMTESSE.

Eh bien?

BRISSAC.

Laissez-la parler, que diantre!... Qu'avez-vous, mon enfant?

HENRIETTE.

Rien, monsieur. Seulement je pensais que mercredi, à l'heure que vous dites, je passais l'Oise aussi.

BRISSAC.

Dans le bac?

HENRIETTE.

Oui.

LA COMTESSE.

En effet, ce jour-là elle revenait de chez sa grand'tante.

BRISSAC.

Ah bah!... Vous souvenez-vous d'avoir vu trois hommes dans la cabane du passeur?

HENRIETTE.

Oui, oui.

BRISSAC.

Êtes-vous descendue de cheval à ce moment?

HENRIETTE.

Oui.

BRISSAC.

Vos souliers de velours étaient-ils cramoisis?

HENRIETTE.

Justement.

BRISSAC.

Vous aimez peut-être les bas de soie gris perle?

LA COMTESSE.

C'est notre couleur favorite.

BRISSAC, se levant, La Comtesse et Henriette se lèvent aussi.

Ah! mon Dieu! mais c'est elle, alors. (A Henriette.) Eh bien! de ces trois hommes qui vous regardaient, l'un était le tigre, le tyran, et depuis qu'il vous a vue, il est, dit-on, devenu fou... Il demande à tous les échos ce velours cramoisi et cette soie gris-perle. Il est amoureux... il est éperdu!

HENRIETTE, rougissant.

Quelle folie!

LA COMTESSE.

Vous raillez. Le Béarnais...

BRISSAC.

Sur l'honneur... J'ai là-dessus un rapport d'espion de dix pages.

LA COMTESSE, minaudant.

En vérité?

BRISSAC.

Eh bien! mais voilà la guerre finie... L'amoureux n'ira pas encourir votre disgrâce. Il lèvera le siége de Paris au premier signe de sa divinité.

LA COMTESSE.

Comte, comte, c'est mal.

HENRIETTE.

Monsieur se moque agréablement de moi.

BRISSAC.

Jamais je n'ai été aussi sérieux... Ne négligez pas cela, belle Henriette.

LA COMTESSE.

Mais ce sont des rêves...

BRISSAC.

Si Henriette allait épouser Nabuchodonosor?

LA COMTESSE.

Le roi de Navarre a encore sa femme.

BRISSAC.
Un pied, un bas de soie, des yeux pareils, et vous pour belle-mère. Il divorcerait plutôt avec Vénus!
LA COMTESSE.
Ah! vous allez encore plus vite que le roi.
BRISSAC, à part.
Elle a dit le roi. (Huit heures sonnent. Henriette ne s'en émeut pas, elle rêve.) Huit heures! je dois être rentré à neuf... On oublie le temps ici.
LE PAGE.
Monsieur le comte d'Auvergne attend madame la comtesse pour se mettre à table. Il vient d'arriver aussi un gentilhomme du Vexin qui demande à parler à madame, ou à mademoiselle Henriette.
BRISSAC.
Eh! eh! le comte d'Auvergne! un royaliste! devant le gouverneur de Paris, brrrr! (A la Comtesse.) Belle comtesse, perpétuez les fleurs de lis dans la famille. (A Henriette.) Divine Henriette, veillez!... Marie Touchet a presque été reine, pourquoi Henriette d'Entragues ne le serait-elle pas tout à fait? (Il baise la main de la jeune fille. A part.) Voilà des coquettes qui attireront le roi ici avant huit jours! C'est ici que je le prendrai et donnerai à cette guerre le dénoûment qu'il me conviendra.
LA COMTESSE.
Je vous accompagne, monsieur le comte. (Ils sortent.)

SCÈNE IV.

HENRIETTE, seule, s'asseyant.

Reine!... (Elle se mire.) Pourquoi pas!... En effet, je crois voir encore briller le regard de l'un de ces trois hommes!

SCÈNE V.

HENRIETTE, ESPÉRANCE.

ESPÉRANCE, sur l'appui de la fenêtre.
Eh!
HENRIETTE, surprise, et se levant.
Lui!
ESPÉRANCE.
Vous êtes seule, enfin, et vous ne m'appelez pas! (Il entre dans la chambre.)
HENRIETTE, à part.
Lui! j'avais oublié... Que faire?
ESPÉRANCE.
Vous n'êtes pas encore bien libre, voulez-vous que je redescende jusqu'à ce que vous soyez tout à fait rassurée. (Il se dirige vers la fenêtre.)
HENRIETTE, après une hésitation.
Non!... Puisque vous êtes là, profitons-en pour causer. (Elle ferme le verrou de la porte de gauche après avoir regardé au dehors.)
ESPÉRANCE.
Oui, chère belle, causons. (Il veut l'embrasser, elle se dégage. Il va poser sur un siège son épée et son chapeau.)
HENRIETTE, à part.
De la fermeté, il le faut! (Elle s'assied près de la toilette.)
ESPÉRANCE, Il s'agenouille près de la chaise d'Henriette.
Il me semble que tu me payes mal mon voyage, Henriette, et la fatigue, et la soif, et les mauvaises nuits d'auberge, et les mauvais jours d'aventures... Gageons que je suis meilleur que vous, et que j'ai pensé à vous plaire... Vous ne vous souvenez peut-être plus qu'il y a dix jours, en Normandie, au bord de notre petite fontaine, quand vous rouliez des gouttes d'eau sur des feuilles de noisetier, vous me fites admirer ces diamants liquides qui ressemblaient, vous disiez-à, ceux de votre mère... Moi, je versai ces gouttes brillantes sur vos beaux cheveux noirs, et elles vinrent tomber au bout de votre petite oreille rouge, où je les bus, tout diamants qu'elles étaient.
HENRIETTE.
Eh bien?
ESPÉRANCE.
Eh bien! j'avais feint seulement de les boire. Le feu de mon baiser les a durcies; je vous les rends assez solides pour demeurer à vos oreilles. (Il lui offre un écrin.)
HENRIETTE.
Magnifiques joyaux... Vous êtes bon!
ESPÉRANCE.
Ah! vous en convenez. Voyons, déridez-vous! Que je retrouve mon Henriette à la place de celle-ci, que je ne connais pas!
HENRIETTE, elle se lève.
Il faut que je vous parle!
ESPÉRANCE, qui s'est aussi levé.
Vous me l'avez déjà dit, et la première fois moins rudement que la seconde... Est-ce le séjour de la maison paternelle qui vous a fait faire des réflexions?...
HENRIETTE.
Précisément... J'ai réfléchi, monsieur Espérance!
ESPÉRANCE.
Monsieur?... Eh bien! mais je vais vous appeler mademoiselle!...
HENRIETTE.
Ce sera mieux... Entre gens destinés à se séparer...
ESPÉRANCE, suffoqué.
A...
HENRIETTE.
Séparation inévitable... Voyez mon embarras, ma douleur...
ESPÉRANCE.
On ne sépare point ceux qui s'aiment!
HENRIETTE.
Des parents peuvent l'ordonner à leur fille lorsqu'ils veulent la marier.
ESPÉRANCE, à part.
Ah! chevalier de Crillon!... (Haut.) Quoi! l'on veut vous marier, mademoiselle, est-ce bien prudent de la part de votre famille!... (Elle le regarde.) Un mari sera exigeant... Un mari vous demandera compte de toute votre vie, de tous vos secrets.
HENRIETTE.
Je ne suppose pas que vous me trahissiez, monsieur, e vous ai cru honnête homme.
ESPÉRANCE.
Oh! ce n'est pas moi qui vous trahirai... Notre secret ne court aucun danger... Je dis notre secret... celui-là, je vous le garantis... mais les autres.
HENRIETTE.
Quels autres... que prétendez-vous?...
ESPÉRANCE.
Moi, je ne prétends rien... Mais votre mari prétendra peut-être, lui... Il sera moins crédule que moi au sujet de cette bague que l'assassin La Ramée a volée au cadavre d'Urbain du Jardin!
HENRIETTE.
C'est une insulte, et si vous n'êtes venu que pour cela, vous eussiez mieux fait de ne pas venir.
ESPÉRANCE.
Si je suis venu, c'est que j'ignorais que l'on voulût vous marier si vite... Si je suis venu, c'est que vous m'y aviez invité... Par bonheur, j'ai sur moi ma lettre d'audience... (Il la montre.) Qui sait, elle n'est pas de vous, peut-être? En effet, vous ne pouvez être la femme qui m'écrivait, il y a trois jours.... (Il lit.)
« Cher Espérance, tu sais où me trouver, tu n'as oublié ni
» l'heure, ni le jour fixés par ton Henriette qui t'aime. »
HENRIETTE.
Ce billet!...
ESPÉRANCE.
Est d'une femme perfide qui mentait déjà quand elle m'appelait son premier amour... Mais à quoi bon tout cela?... Vous m'aviez appelé, j'accourais, en Normandie, il m'arrive une lettre insensée de ce La Ramée, qui ose me poursuivre de son amour... Tu surprends cette lettre, tu m'interroges... je t'avoue tout!... Une amie à moi, qui est morte, a été compromise par Urbain Du Jardin... La Ramée a pris parti pour sa famille.
ESPÉRANCE.
Et il a assassiné le malheureux Urbain.
HENRIETTE.
Est-ce ma faute?... Suis-je coupable?... Tu crois ceux qui m'accusent... C'est pour toi que j'ai trahi ce secret! pour te rassurer! Faut-il que je sois perdue par toi..! pour t'avoir follement aimé, pour t'aimer à l'idolâtrie!
ESPÉRANCE.
Comment, perdue?
HENRIETTE.
Vous me menaciez!
ESPÉRANCE.
Moi!
HENRIETTE.
Pourquoi me montriez-vous cette lettre que je vous ai écrite, sinon pour me la reprocher et vous en armer contre moi?
ESPÉRANCE.
Par exemple!
HENRIETTE.
Et vous avez dit cela m'aimant encore! Que sera-ce quand vous m'aurez oubliée! quand vous céderez à quelque influence hostile qui vous conseillera la vengeance... (Espérance fait un mou-

vement.) Mais oui, si votre faiblesse, si le hasard seulement fait tomber ce billet en des mains étrangères, c'est fait de moi à jamais... Le châtiment sera juste!
ESPÉRANCE.
Cesse de craindre, Henriette, ce n'est pas ce billet qui te perdra, nous allons le brûler ensemble. (Il fouille dans sa poche.)
HENRIETTE.
Oh! que tu es bon! (Elle tend avidement la main. On frappe à la porte.)
ESPÉRANCE.
Qu'y a-t-il? (On appelle : Henriette! Henriette!)
HENRIETTE.
Ma mère!
ESPÉRANCE.
Je serai en bas avant qu'elle ait appelé une troisième fois.
HENRIETTE.
Oui! oui! (Elle le pousse vers la fenêtre, tout à coup se rappelant.) Le billet... Oh! pas encore! (Elle lui montre sa chambre.) Là! chez moi! (Dès qu'il est entré, elle court ouvrir.)

### SCÈNE VI.
HENRIETTE, ESPÉRANCE, caché, LA COMTESSE.

LA COMTESSE, cherchant autour d'elle.
Quelqu'un vient de m'assurer qu'un homme est entré chez vous.
HENRIETTE.
Qui dit cela, madame?
LA COMTESSE.
Que vous importe! Oui, ou non?...
HENRIETTE.
Je vous assure...
LA COMTESSE.
Ouvrez la porte de votre chambre.
HENRIETTE.
Mais...
LA COMTESSE, au dehors.
Veillez toujours en bas!... (A Henriette.) Eh bien! vous n'ouvrez pas?
HENRIETTE, à part.
La fenêtre est grillée, il ne pourra s'échapper!
LA COMTESSE.
J'y vais moi-même. (Elle se dirige vers la porte. Espérance sort tranquille et souriant.) Ah!
ESPÉRANCE.
N'accusez pas mademoiselle, madame la comtesse. Elle ignorait que je fusse ici.
HENRIETTE.
Je ne connais pas monsieur.
ESPÉRANCE.
C'est vrai!
LA COMTESSE.
Vous êtes un malfaiteur, alors?
ESPÉRANCE.
Pas précisément.
LA COMTESSE.
Votre nom...
ESPÉRANCE.
Est-il bien nécessaire de vous le dire, madame, si vous constatez que je n'ai rien dérobé ici.
LA COMTESSE, à elle-même.
Pas d'éclat!... (Haut.) Peut-être me suffirait-il d'un geste pour faire punir cruellement votre audace... Mais ce qui est différé n'est pas perdu. Partez! Seulement, s'il vous arrive jamais de regarder cette fenêtre...
ESPÉRANCE.
Jamais, madame! oh! jamais! (Il salue et se dirige vers la porte du pavillon.)
HENRIETTE.
Dieu soit béni!

### SCÈNE VII.
LES MÊMES, LA RAMÉE, au seuil de la porte.

LA RAMÉE.
J'étais sûr d'avoir reconnu sa voix.
LA COMTESSE.
Vous disiez vrai, La Ramée.
LA RAMÉE.
Eh bien! il part!... Vous le laissez!... Vous ne savez donc pas qui il est? (Il barre le passage.)
ESPÉRANCE.
Je connais cette méchante figure!
LA RAMÉE.
C'est celui qui m'a menacé à Poissy, celui qui sait le secret de votre fille, — celui qui peut nous perdre tous, vous et moi.
ESPÉRANCE.
Maître La Ramée! (Il fait un pas pour reprendre son épée.)
LA COMTESSE, venant à lui.
Ceci est différent et mérite explication.
LA RAMÉE, s'est jeté entre l'épée et Espérance.
Oui, monsieur va s'expliquer.
HENRIETTE, bas à Espérance.
Ne me perdez pas!
ESPÉRANCE, à part.
Décidément, cette femme est lâche. (A Henriette.) N'ayez pas peur. (A la comtesse.) Madame la comtesse, à qui dois-je des explications, à vous ou à monsieur?... Si c'est à monsieur, je les tiens toutes prêtes. (Il court chercher son épée.)
LA RAMÉE, jetant l'épée par-dessus le balcon et se croisant les bras.
Et moi aussi!
HENRIETTE.
Par pitié!... (Elle cache son visage dans ses mains.)
ESPÉRANCE, après les avoir regardés tour à tour.
Ah! oui, je comprends, j'oubliais où je suis. Un porteur de secret gêne-t-il ici, on l'assassine; c'est l'habitude de la maison.
LA COMTESSE, en reculant d'un pas.
Ne nous forcez pas à des extrémités.
LA RAMÉE, avec un geste menaçant.
Non...
ESPÉRANCE.
Bah!... je ne suis pas un page, moi, je ne suis pas Urbain du Jardin et je n'ai peur ni des mauvais yeux de madame, ni du petit couteau de monsieur. Vous voulez des explications, d'ordinaire je les donne avec l'épée; mais on me l'ôte... et puis c'est inutile... je veux me taire; et je veux passer... Arrière, madame!... et toi, coquin, au large! (La Ramée s'élance vers la table et souffle les bougies. — Le théâtre est dans l'obscurité, clair de lune au fond.)
HENRIETTE.
Au secours! grand Dieu! au secours!
LA COMTESSE.
Taisez-vous! (Elle la pousse dans la chambre.) La Ramée! La Ramée!
LA RAMÉE.
Je suis là, madame. (Il met le poignard à la main.)
ESPÉRANCE.
Et moi aussi. (D'un bond il tombe sur La Ramée qu'il saisit à la gorge et désarme, puis il le terrasse.) Ne craignez rien, Henriette, c'est fini. — Va, coquin, respire!... je te fais grâce. (Au moment où il se sent libre, La Ramée qui a ramassé le couteau frappe Espérance, et celui-ci pousse un cri.) Le lâche m'a tué!
VOIX, au dehors.
Madame! madame la comtesse! ma mère!
LA COMTESSE.
Ils viennent! ils viennent! (Espérance tombe.)
LA RAMÉE.
Vous êtes vengée, madame; encore une fois j'ai sauvé votre honneur. — Maintenant on ne me refusera plus Henriette! (Il s'élance dehors à la suite de la Comtesse qui a disparu épouvantée. Espérance étendu; — parfois il fait un mouvement pour lutter contre la mort. — Silence. — La porte d'Henriette s'ouvre, la jeune fille paraît. Elle regarde dans les ténèbres, elle approche. La bougie de la chambre projette un rayon rougeâtre sur son passage et éclaire le billet tombé sur le parquet auprès du corps d'Espérance.)
ESPÉRANCE, la voit, il se soulève.
Ah!... c'est elle... meilleure que je ne croyais, elle vient pour fermer ma blessure, ou recueillir mon dernier souffle, — c'est bien! (Henriette, arrivée près d'Espérance, attire de ses doigts tremblants le billet, il se ranime, il se dresse.) Oh! l'infâme! la lâche! (Elle recule avec terreur.) Il te fallait donc le billet d'Espérance, comme il t'a fallu la bague d'Urbain!... Mon Dieu, donnez-moi la force d'aller mourir loin d'ici.
PONTIS, enjambant la fenêtre.
Espérance! Où êtes-vous, monsieur Espérance!... Ah! j'en étais sûr, on me l'a tué!
ESPÉRANCE.
Pontis!... sauve-moi!... emporte-moi!
PONTIS.
Si je te sauverai! Sambious de bious!... (Il prend Espérance sur ses épaules, s'accroche à la branche qui plie et il disparaît avec son fardeau. Henriette reste seule, épouvantée, défaillante.)

FIN DU PREMIER ACTE.

## ACTE II

### TROISIÈME TABLEAU

*La terrasse du jardin des Franciscains à Bezons. — Au fond un escalier qui descend vers la rivière. — A droite, au premier plan, un perron conduisant chez Gabrielle; au deuxième, l'entrée des Jardins d'Estrées. — A gauche, premier plan, la porte de la chambre donnée par les Franciscains à Espérance. Cette porte est à demi cachée par un berceau de pampres et de chèvrefeuilles.*

### SCÈNE PREMIÈRE.

M. D'ESTRÉES, Gentilshommes de ses amis, UN RELIGIEUX, Seigneurs, Dames. — (*On entend le tintement d'une cloche; au lever du rideau, des seigneurs et des dames traversent le théâtre et se dirigent vers la chapelle. M. d'Estrées a retenu un groupe d'invités; parmi eux est le religieux.*)

M. D'ESTRÉES.
Oui, messieurs, je le sais, ce n'est pas l'usage de marier sa fille au point du jour, sans convoquer la foule, — dans une chapelle de couvent; — mais les circonstances sont plus impérieuses que l'usage. Dans une demi-heure, ma fille Gabrielle sera marquise d'Armeval. J'ai l'approbation du respectable prieur des Franciscains, et je suis là moi-même pour répondre à quiconque prétendrait que j'ai agi contre l'honneur et contre mon droit. (*Au religieux.*) Tout est prêt, mon révérend père?... les époux sont à la chapelle?

LE RELIGIEUX.
On n'attend plus que vous et vos témoins, M. le comte.

M. D'ESTRÉES.
Allons, messieurs, ce jour sera beau dans ma vie!

UN DES TÉMOINS.
La mariée n'en dira pas autant. — Allons! (*Ils sortent lentement.*)

### SCÈNE II.

LE RELIGIEUX, PONTIS.

LE RELIGIEUX.
Le roi marié, Gabrielle aussi, il n'y a plus de danger pour personne.

PONTIS, *entrant.*
Ah! cher père, bonjour; je suis matinal, n'est-ce pas? Comment va notre... Pardon... est-ce qu'il y a un enterrement à la chapelle?

LE RELIGIEUX.
Non, un mariage.

PONTIS.
Et ces messieurs en sont?

LE RELIGIEUX.
Oui.

PONTIS.
Ah!... et les femmes que je viens de voir passer toutes pâles et pleurant comme des fontaines?...

LE RELIGIEUX.
Elles en sont aussi.

PONTIS.
Eh bien, cela va faire une petite noce bien folâtre... Hein! mon révérend père! avons-nous une chance, nous autres garçons!... pas de femmes!... Comment va notre malade?

LE RELIGIEUX.
Pas plus mal, je crois.

PONTIS.
Oh! que c'est bon à entendre... Je puis entrer chez Espérance?

LE RELIGIEUX.
Notre frère chirurgien y est.

PONTIS.
Bon! j'entre tout de même.

### SCÈNE III.

Les Mêmes, ESPÉRANCE, LE CHIRURGIEN.

ESPÉRANCE, *apparaissant sur le seuil. Il est soutenu par le frère, il sourit.*
Inutile!

PONTIS, *transporté.*
Lui! debout!... lui!... ah! (*Il veut embrasser Espérance, mais comme on le retient, il se jette au cou du chirurgien*). Vous êtes un fier homme, mon père!

ESPÉRANCE, *s'asseyant sous le berceau.*
N'est-ce pas?

PONTIS, *montrant Espérance.*
Quoi! c'est là cette masse inerte, flottante, humide de sang que j'ai apportée ici, voilà trois semaines!

ESPÉRANCE.
Allons, allons, ne gesticule pas tant, et ne crie pas si haut.

LE RELIGIEUX.
Le seigneur Espérance va mieux, mais il ne va pas encore bien. (*Il sort.*)

ESPÉRANCE.
Pourtant j'ai faim, j'ai soif. J'ai envie de me promener. Je chanterais volontiers avec les bouvreuils et avec l'alouette; mon âme est légère et nage dans ce beau ciel bleu!

PONTIS, *assis à terre près de lui.*
C'est l'effet d'une bonne nuit!

ESPÉRANCE.
Non, j'ai été réveillé de grand matin. Il me semblait entendre du bruit, des discussions, des sanglots de femme.

PONTIS.
Des sanglots! c'était là noce!

ESPÉRANCE.
Comment cela?

PONTIS.
Il paraît qu'on marie ici une fille malgré elle... et elle se démène comme une anguille — le serpent!

ESPÉRANCE.
Une femme qui sera malheureuse.

PONTIS.
Comme c'est bien fait!

ESPÉRANCE.
Est-elle jolie?

PONTIS.
Est-ce que je regarde les femmes; — d'ailleurs elles sont toujours trop jolies, — c'est l'appât que le diable nous présente!

ESPÉRANCE.
Tu les traites bien.

PONTIS.
Vous êtes payé pour les bien traiter, n'est-ce pas?

LE RELIGIEUX, *revient, tenant une bouteille et un verre. — Il verse et offre le verre à Espérance.*
Tenez, mon frère.

PONTIS.
Oh! quelle couleur!...

LE RELIGIEUX.
Le vin est vieux!

PONTIS.
Quelle odeur!

LE RELIGIEUX.
Et d'un bon cru.

ESPÉRANCE.
Sacrifier une pauvre fille, c'est toujours une mauvaise action. (*Il mouille ses lèvres dans le verre.*) Qu'en penses-tu, Pontis?

PONTIS.
Je pense que c'est du Pomard. (*Le Religieux bouché le flacon et l'emporte.*) Je voudrais bien avoir été un peu blessé. (*Il soupire.*)

LE CHIRURGIEN, *prenant les mains d'Espérance.*
Du repos!... de l'air!... de la joie!... (*Il sort.*)

### SCÈNE IV.

ESPÉRANCE, PONTIS.

ESPÉRANCE.
Voyons, tu viens de chez monsieur de Crillon; comment porte-t-il?...

PONTIS, *s'asseyant aux pieds d'Espérance.*
A l'ordinaire, comme une montagne.

ESPÉRANCE.
Est-ce qu'il ne viendra pas me voir ce matin?...

PONTIS.
Je ne crois pas. Le roi l'a fait appeler pour quelque chose d'important qu'ils ont à faire aujourd'hui.

ESPÉRANCE.
Te questionne-t-il toujours sur moi?

PONTIS.
Toujours.

ESPÉRANCE.
Tu n'as jamais rien avoué que ce dont nous étions convenus ensemble?

PONTIS.
Je dis toujours qu'en revenant d'Ormesson, La Ramée vous a attendu au coin d'un mur et donné un coup de couteau.

ESPÉRANCE.
Monsieur de Crillon le croit?

PONTIS.
Tout juste...

ESPÉRANCE.
Je veux qu'il le croie!... Je ne veux pas que dans toute cette affaire un seul nom de femme soit prononcé, compromis.

PONTIS.
Le fait est que ce serait dommage de compromettre ces angéliques créatures. Ce serait peut-être dommage aussi d'étrangler ce brigand de La Ramée quand on le rencontrera.

ESPÉRANCE.
Pontis! vous vous dites mon ami, est-ce oui, est-ce non?

PONTIS.
Oh! c'est oui, je ne dis plus un mot.

ESPÉRANCE.
Merci, Pontis, merci. (On entend le tintement de la cloche au lointain, puis paraissent quelques invités.) Qu'est-ce que j'entends là?

PONTIS.
Des gens qui viennent. (Se levant tout à coup.) Eh! mais... ah! mon Dieu!...

ESPÉRANCE, de même.
Quoi!

PONTIS.
La noce! la noce des sanglots et des gémissements

ESPÉRANCE.
Ils viennent de ce côté?

PONTIS.
C'est malsain pour les blessures. Rentrons, rentrons vite!

ESPÉRANCE.
Laisse-moi voir la mariée. (Il le fait asseoir près de lui sur le banc.)

## SCÈNE V.

LES MÊMES, derrière le berceau. M. D'ESTRÉES, GABRIELLE, GRATIENNE, LE PRIEUR. INVITÉS.

M. D'ESTRÉES.
Merci, mon révérend père. Le mariage de ma fille ne sera pas moins heureux pour avoir été un peu précipité.

PONTIS.
C'est le père barbare.

ESPÉRANCE.
Il me cache sa fille.

M. D'ESTRÉES.
Mes amis, à ce soir le festin de noces. Je ne vois pas notre gendre; où est M. d'Armeval?

PONTIS, à Espérance.
C'est ce que j'allais demander, où est-il?

LE PRIEUR.
Ses amis l'ont retenu au sortir de la chapelle. Il se promène avec eux.

M. D'ESTRÉES, à Gabrielle.
Votre visage altéré, vos sanglots, votre désespoir ne l'ont pas encouragé à nous suivre. Il est votre mari, cependant. (Gabrielle se tait.) Oui, je comprends votre silence; en avançant l'heure de ce mariage, je vous ai enlevé l'illustre appui que vous espériez. L'appui de ce roi sans royaume... Vous protestez quand même. Soit, ma tâche est remplie. J'ai sauvé l'honneur de mon nom; à votre mari de protéger le sien. Madame, vous voici à votre porte. Je vais rejoindre mon gendre. Mon révérend, je vous suis. (M. D'Estrées semble attendre un mot de sa fille. Il la regarde, elle demeure muette, immobile. Il se retire suivi du Prieur et des Invités.)

PONTIS.
En voilà un qui s'entend à conduire les filles!

ESPÉRANCE, avec admiration, apercevant pour la première fois Gabrielle qui se tourne vers lui.
Je la vois!... Oh!...

GRATIENNE.
Un mot, chère demoiselle, un mot! Pleurez! criez, maudissez quelqu'un, mais parlez-moi, parlez-moi!

GABRIELLE, tombant assise sur le banc à droite.
Je meurs!

ESPÉRANCE. (Il fait un mouvement.)
Mais elle souffre! (Il se lève.)

PONTIS.
Tout cela ne nous regarde pas. Rentrons!

GABRIELLE.
Pauvre roi! qui comptait sur mes serments; pauvre abandonné que tout trahit, sujets, amis, fortune et maîtresse.

GRATIENNE.
Que pouviez-vous faire sans secours?

GABRIELLE.
Je pouvais mourir. Quoi, Henri n'a que moi au monde et je ne combattrais pas jusqu'à mon dernier souffle pour me garder à lui! quand il a ma promesse! Ce serait lâche! Suis-je donc lâche, Gratienne?

GRATIENNE.
Comment le prévenir?... On nous garde à vue... Dix fois, depuis ce matin, j'ai tenté de m'échapper pour courir au camp de M. Crillon.

ESPÉRANCE.
La petite a dit : Crillon.

PONTIS.
Croyez-vous?

ESPÉRANCE.
J'en suis sûr.

PONTIS.
Eh bien! après? Quand elle aurait dit Crillon, que nous importe?

ESPÉRANCE.
Comment! mais rien ne nous importe autant que cela. (En parlant ainsi il se rapproche de Gabrielle.)

GABRIELLE, se levant.
Pour un mot de moi porté au chevalier, je donnerais ma vie.

ESPÉRANCE.
Entends-tu? (Il s'approche tout à fait et salue.) Pardon, madame...

PONTIS, à part.
Allons, bon!

GRATIENNE, à l'oreille de Gabrielle.
C'est ce jeune homme blessé, vous savez; qui demeure chez les Franciscains.

GABRIELLE.
Oui, oui, je le reconnais bien. Pauvre jeune homme!

PONTIS, les séparant.
Pauvre jeune homme, précisément, les médecins lui défendent la conversation. Nous avons bien l'honneur de vous saluer. (Il emmène Espérance.)

GRATIENNE.
Le gros est un garde du roi.

GABRIELLE.
Du régiment de Crillon?...

GRATIENNE.
Eh! mais, oui!

GABRIELLE.
Oh! quelle providence!

GRATIENNE.
C'est vrai. Attendez. (Appelant.) Monsieur, monsieur!

PONTIS, faisant semblant de ne pas entendre.
Viens, mon ami, viens!

ESPÉRANCE.
Mais on t'appelle.

PONTIS.
Diantre (A Gratienne.) Plaît-il, nous sommes bien pressés.

GRATIENNE, à Pontis.
Monsieur, vous êtes du régiment de Crillon?

ESPÉRANCE.
Certainement.

PONTIS.
Eh bien?

GRATIENNE.
Eh bien, monsieur, vous pouvez rendre un grand service...

PONTIS.
A qui?

ESPÉRANCE.
Tu les effarouches! —A Gabrielle.) Madame, il ne faut pas être bien clairvoyant pour deviner à qui l'un de nous peut être utile. Vous venez d'être mariée par surprise, par force, et tout-à-l'heure vous invoquiez ici le nom de Crillon, du chevalier par excellence; Crillon est l'ami de tous ceux qui souffrent, l'appelez-vous à votre aide?

GRATIENNE.
A la bonne heure, celui-là. (Elle fait la moue à Pontis qui lui tourne le dos.)

GABRIELLE.
Ah! monsieur, je ne suis pas heureuse en effet, et j'aurais bien besoin d'appui, mais il est des choses qu'on ne peut dire et qu'il faut garder en son cœur, dussent-elles le faire éclater.

PONTIS, à part.
C'est quelque énormité!

GRATIENNE, bas à Espérance.
Madame est timide, elle ne s'expliquera jamais devant deux hommes.

PONTIS, à Espérance.
Vous entendez, allons-nous en!

GRATIENNE, bas à Espérance.
Devant un seul c'est autre chose.

PONTIS.
Petite peste!

ESPÉRANCE.
Nous comprenons, madame, voici mon ami Pontis, le plus

galant des hommes qui va faire le guet du côté de la chapelle.

PONTIS.
Eh!..

ESPÉRANCE.
Va! (Pontis sort par le fond à gauche.)

GRATIENNE.
Et moi du côté du château. (Elle sort par le fond à droite.)

### SCÈNE VI.
#### ESPÉRANCE, GABRIELLE.

GABRIELLE, la rappelant.
Gratienne!

ESPÉRANCE, venant vivement à elle.
Maintenant, madame, si vous persistez à garder le silence, je croirai que c'est de moi que vous vous défiez.

GABRIELLE.
Je ne me défie pas, non, monsieur, vous ne voulez pas me trahir, moi qui vous suis inconnue, et qui ai tant prié pour vous.

ESPÉRANCE.
Vous, madame?

GABRIELLE.
J'arrivais dans cette maison où mon père m'a reléguée, quand vous fûtes apporté expirant. Je vous vis si pâle! vous débattant contre la mort.. Dieu seul pourrait le sauver, disait-on autour de vous. Je m'agenouillai, et je priai Dieu qu'il ne vous fît pas mourir si jeune!... je l'ai prié chaque jour!.. ce matin, encore, tenez, malgré tous mes chagrins.

ESPÉRANCE.
Ah! vous voyez bien, madame, que c'est à mon tour de vous protéger, de vous servir! Voilà qui est étrange! je sentais en vous voyant que je vous devais quelque chose. Vous n'allez plus être embarrassée avec moi, n'est-ce pas? Je vais vous aider, d'ailleurs; voyons. Tout à l'heure vous avez témoigné le désir de faire prévenir M. de Crillon.

GABRIELLE.
Il est l'ami de... la personne qui ignore ce fatal mariage.

ESPÉRANCE.
Ah! il y a une personne... oui... sans doute!... Et vous voudriez que cette personne fût instruite?..

GABRIELLE.
De mes larmes... de mon désespoir!

ESPÉRANCE.
Je les comprends! séparée à jamais de celui qu'on aime, et vous aimez loyalement, j'en suis sûr, vous, madame, tendrement!

GABRIELLE.
Ce n'est pas que j'aime cette personne comme vous l'entendez.

ESPÉRANCE, ravi.
Ah!

GABRIELLE.
Non, monsieur, mais je lui ai voué tant d'admiration, de respect, que je souffre à l'idée seule qu'il m'accusera d'ingratitude.

ESPÉRANCE.
D'ingratitude. Oh! il ne faut pas!... Madame, je courrais moi-même porter votre message à M. de Crillon, mais je suis encore bien faible pour monter à cheval.

GABRIELLE.
Je vous le défends!

ESPÉRANCE.
Mon ami Pontis, au contraire, est de force à faire cent lieues. Il va partir tout de suite. Rassurez-vous, le colonel aura votre billet ce soir, et demain vous aurez la réponse.

GABRIELLE, épouvantée.
Demain! ah! monsieur, je suis perdue!

ESPÉRANCE.
Comment?

GABRIELLE.
Cette personne, cet ami à qui je m'adresse, s'il était là, ne me laisserait pas sans secours, et son secours est tout-puissant. Mais je suis mariée, monsieur, mon père va ramener M. d'Armeval. Demain il sera trop tard!

ESPÉRANCE.
C'est vrai!... le mariage n'est qu'une menace, le vrai danger c'est le mari.

GABRIELLE.
Vous voyez qu'il faut m'abandonner à ma misère.

ESPÉRANCE.
Moi!.. vous abandonner, oh!... ne nous troublons pas. Ce qu'il vous faut, c'est la liberté, la sécurité jusqu'à la réponse de votre protecteur. Cette journée et cette nuit, n'est-ce pas?

GABRIELLE.
Oui, monsieur, mais...

ESPÉRANCE.
Veuillez d'abord écrire la petite lettre destinée à M. de Crillon.

GABRIELLE.
Mais la réponse ne peut pas arriver avant le retour de M. d'Armeval.

ESPÉRANCE.
Qui sait?

GABRIELLE.
C'est impossible, à moins d'un miracle.

ESPÉRANCE.
Pour vous j'essaierai de le faire.

GABRIELLE.
Votre bon cœur s'y épuisera!

ESPÉRANCE.
Dieu m'a fait un cœur intarissable.

GABRIELLE.
Ah! monsieur, en vous écoutant j'oublie, en vous regardant j'espère!

ESPÉRANCE.
Vous avez bien raison! On m'appelle Espérance, vous lisez mon nom dans mes yeux! Allez, madame, allez!

GABRIELLE, à elle-même.
Espérance! (Elle se dirige vers la maison.)

### SCÈNE VII.
#### LES MÊMES, GRATIENNE, puis PONTIS.

GRATIENNE.
Madame, je viens de voir des hommes entrer dans le jardin. (Elle reste près de la balustrade et regarde.)

GABRIELLE.
Seraient-ce eux, déjà!

ESPÉRANCE.
Nous sommes là! (Gabrielle entre chez elle. — Appelant.) Pontis! quoi de nouveau?

PONTIS.
Je le guette.

ESPÉRANCE.
Qui?

PONTIS.
Le mari.

ESPÉRANCE.
Tu le connais donc?

PONTIS.
Il est bancal.

ESPÉRANCE.
Bon.

PONTIS.
Et bossu.

ESPÉRANCE.
Très-bien! avec un signalement pareil, tu ne le manqueras pas!

PONTIS.
Comment! je ne le manquerai pas! prétendez-vous me le faire assassiner?

ESPÉRANCE.
Je prétends l'envoyer passer huit jours à ma maison de Normandie.

### SCÈNE VIII.
#### LES MÊMES, GABRIELLE.

GABRIELLE, rentrant.
Voici la lettre.

ESPÉRANCE.
Pontis va la porter.

GRATIENNE, au fond.
Ces hommes se glissent sous la charmille.

ESPÉRANCE.
Rentrez, madame.

GRATIENNE.
Oui, rentrez!

GABRIELLE.
Monsieur! messieurs... oh! merci!

GRATIENNE.
Ils sont au pied de l'escalier. Ils montent.

ESPÉRANCE.
Viens, Pontis. (Ils rentrent.)

GRATIENNE.
Enfermons-nous! (Elles entrent dans la maison.)

## SCÈNE IX.

ROSNY, CRILLON. (Rosny paraît au fond et attend. — Crillon monte l'escalier derrière lui.)

ROSNY.
Au haut de l'escalier, sur la terrasse. C'est bien ici.

CRILLON.
Je me reconnais.

ROSNY.
Ah! monsieur, le roi nous fait faire une folie.

CRILLON.
Peut-être bien!

ROSNY.
S'obstiner à venir ici en plein jour — pour une jupe! — Vous me direz que nous sommes en trêve. Mais enfin on nous poursuit, j'en jurerais!

CRILLON.
Bah! huit hommes.

ROSNY.
Nous ne sommes que trois. C'est jouer un royaume contre un caprice!

CRILLON.
Quand le roi joue gros jeu, c'est qu'il triche.

ROSNY, indiquant les jardins.
Regardez-le, là, tranquille sous cette allée comme à l'affût?

CRILLON.
Il attend le gibier en effet.

ROSNY.
Comment?

CRILLON.
Vous savez peut-être que M. de Brissac cherche à prendre le roi pour finir la guerre.

ROSNY.
Si je le sais! — J'en tremble. — Eh bien?

CRILLON.
Eh bien, c'est nous qui allons prendre M. de Brissac.

ROSNY.
Ici!

CRILLON.
Là, — voici le traquenard.

ROSNY, mécontent.
Et le roi ne me l'a pas dit!

CRILLON, qui a entendu.
Quand ces choses-là se disent, mon cher, elles ne se font pas! Je vais chercher ma réserve! (Il s'approche de la porte d'Espérance.)

## SCÈNE X.

LES MÊMES, PONTIS, sortant.

PONTIS.
Va, Espérance, va de ton côté. — Je vais du mien!

CRILLON.
Où vas-tu?

PONTIS, stupéfait.
Mon colonel!... j'allais vous porter cette lettre.

CRILLON.
Bon! (Il met la lettre dans sa poche.) Ferme cette porte! Bien! — Sous le mur extérieur du couvent, j'ai six gardes!

PONTIS.
Bien, mon colonel.

CRILLON.
Place-toi à vingt pas. L'épée à la main. — Si l'ennemi vient, tu le chargeras!... Si on te tue, tu crieras!

PONTIS, tirant son épée.
Bien, mon colonel. (Avec saisissement.) L'ennemi! (Il part.)

## SCÈNE XI.

CRILLON, ROSNY, cachés à gauche sous le berceau, BRISSAC, ARNAUD.

BRISSAC, arrivant par les jardins d'Estrées.
Il a dû entrer chez mademoiselle d'Estrées par cette porte. Arnaud, fais garder la seconde issue! (Il avance, pendant ce temps Arnaud fait un signe au dehors et reste à distance.)

CRILLON, se montrant tout à coup.
Bonjour, Brissac!

BRISSAC.
Monsieur de Crillon!

CRILLON.
Comment va?

BRISSAC.
Un piége! (Il fait le mouvement de prendre ses pistolets.)

CRILLON.
Ne touchez pas à vos pistolets, ils sont vides.

BRISSAC.
Arnaud! à moi.

CRILLON.
C'est Arnaud qui les a déchargés. (Arnaud s'incline.)

BRISSAC.
Oh! j'ai mon escorte!

CRILLON.
Non, c'est moi qui l'ai. Votre épée, cher ami, on ne vous veut que du bien. Vous cherchiez le roi, n'est-ce pas? (Pendant ce temps Rosny a prévenu le roi, Brissac rend son épée.)

BRISSAC.
Mais...

CRILLON.
Le voici! (Le roi paraît au haut de l'escalier.)

BRISSAC, consterné.
Le roi! (Il se découvre.)

## SCÈNE XII.

LES MÊMES, LE ROI, escorte au fond.

LE ROI.
Oui, monsieur de Brissac, le roi, qui désirait comme vous l'occasion de cette rencontre. Vous vouliez vous emparer de moi, je m'empare de vous, cela revient au même. Nous allons pouvoir causer. (Henri fait signe à Brissac d'approcher.)

BRISSAC.
Sire!...

LE ROI.
J'ai bien réfléchi à votre projet: comme ligueur, comme gouverneur de Paris, vous êtes logique. Le roi, avez-vous pensé, assiége incessamment Paris, il est la cause de la guerre; supprimons la guerre en supprimant la cause. — Voilà ce que vous vous êtes dit. (Brissac fait un mouvement.) Ne me répondez pas encore. Tout à l'heure vous le ferez à loisir. (Brissac s'incline.) Et puis vous êtes l'ami de monsieur de Mayenne et vous croyez, comme il le croit, que l'Espagne lui destine la couronne de France. Sur ce point, vous pouvez répondre. Le croyez-vous?

BRISSAC.
C'est le but de la ligue.

LE ROI.
Eh bien, l'Espagnol vous trompe et vous joue: on destine le trône de France à la fille de Philippe II, à l'infante. Si les états généraux et le parlement murmurent trop, on fera épouser à l'infante un duc de Guise quelconque. Ce mari de la reine peut venir à mourir. Voilà l'infante qui règne seule. — La loi salique, direz-vous? Philippe II n'en veut pas, et il sera le maître!... Le fils de Charles-Quint sera roi d'Espagne et de France. Il aura le monde; c'est vous qui le lui aurez donné. (Brissac se trouble.) On dirait vous frissonnez, monsieur de Brissac, et que l'esprit de la ligue n'a pas tout à fait tué en vous le caractère français.

BRISSAC.
Une pareille trahison, une déloyauté si infâme! Sire, c'est impossible.

LE ROI, lui remettant une dépêche.
Voici la copie des instructions envoyées au duc de Féria par le cabinet de l'Escurial, où, Dieu merci, j'ai l'œil et la main. (A Brissac qui veut la lui rendre.) Gardez, gardez, pour le montrer à Mayenne.

BRISSAC, abattu.
Oh!... oh!... malheureux pays! tout cela ne fût pas arrivé, sire, si la France eût pu opposer à l'Espagne un prince de sa religion.

LE ROI.
Vraiment? quoi, c'est seulement à cause de mon hérésie que Paris m'est fermé, Paris, la porte de la France! c'est à cause de mon hérésie que les ligueurs ont appelé l'étranger et lui ont livré la patrie? C'est donc ma faute? Je suis bien coupable! Eh bien, il ne sera pas dit que je laisserai ouverte une seule brèche par où l'usurpation étrangère puisse se glisser en France.

BRISSAC.
Comment...

LE ROI.
Oui, mon peuple, mon vrai peuple, celui qui est français, veut un roi de sa religion, il l'aura. Dieu m'a envoyé sa lumière, il m'a donné la force de sacrifier un vain entêtement au salut de vingt millions d'hommes. Dans huit jours, à Saint-Denis, sous les voûtes de la vieille basilique où dorment les rois de France, mon peuple m'entendra confesser son Dieu hautement, la main sur un cœur loyal. La ligue n'aura plus de prétexte pour assassiner la France et le roi!

BRISSAC, avec saisissement.
Une conversion!

LE ROI, *tristement.*

Tranquillisez-vous, monsieur, Paris est fort, vous êtes grand capitaine, la guerre durera encore longtemps!... Tenez, depuis cinq ans, je me demande chaque jour, s'il n'est pas indigne de moi de disputer ainsi ce que vous appelez une couronne. Et pourtant chaque jour je reprends l'épée, chaque nuit je fatigue mes conseillers au travail. Tout ce qu'un homme peut lever du fardeau commun, je le soulève avec furie, avec désespoir, parce que je suis un enfant de ce pays, monsieur, et que je ne veux pas désapprendre la langue que m'a enseignée ma mère; parce que je souffre de voir dans les campagnes ces bandes de soldats étrangers qui mangent le blé du paysan, dans les villes, ces cavaliers qui déshonorent les filles et les femmes. Parce que la France vaut toute l'Europe, et que moi, je ne veux pas en laisser faire une province de Philippe II, comme ses autres provinces rongées par la paresse et la misère! Voilà pourquoi je lutte et lutterai jusqu'à la mort. Les ligueurs, alliés de l'Espagnol, m'appellent leur ennemi. Oui, je le suis... je leur serai un ennemi si terrible, que villes, bourgs, hameaux, fer et bois, hommes et bêtes, je brûlerai, je broierai, j'anéantirai tout, plutôt que de laisser un étranger boire la sève et croiser le sang de la France!

CRILLON, *électrisé.*

Harnibieu!

HENRI, *à Brissac.*

Mon cœur est soulagé, vous savez ce que je pense... retirez-vous, vous êtes libre... Crillon, rends l'épée à monsieur le gouverneur!

BRISSAC, a baissé la tête, il dévore sa honte, sa douleur.—Enfin, il s'agenouille.

Sire, quel jour, Votre Majesté veut-elle entrer dans sa ville de Paris?

HENRI.

Oh! (Il embrasse Brissac.)

BRISSAC.

Je suis bon Français, sire, vous le verrez bien!

LE ROI.

Brissac, ne va pas te faire tuer par ces furieux!

BRISSAC.

Mort ou vif, dans huit jours, j'aurai fait préparer la chambre du roi au Louvre, et déblayer la Porte-Neuve!

LE ROI.

Et moi je fais dorer votre bâton de maréchal.

BRISSAC.

Maintenant, sire, c'est la retraite qui est difficile. Si l'on sait que j'ai vu Votre Majesté, tout manquera.

HENRI.

J'y ai pourvu. Crillon va vous conduire par un chemin connu de nous seuls.

BRISSAC, *recevant l'épée que lui remet Crillon.*

Dieu garde Votre Majesté.

CRILLON, *à Rosny.*

Trouvez-vous cela mal joué? (Il accompagne Brissac.)

## SCÈNE XIII.

HENRI, ROSNY.

ROSNY.

Grand événement, coup décisif!

LE ROI.

Ainsi, j'ai fait convenablement les affaires du roi, n'est-ce pas?

ROSNY.

Oh! oui, sire.

HENRI.

Eh bien, mon bon Rosny, faisons un peu celles de ce pauvre Henri. (Il montre la porte de Gabrielle, gravit le perron et frappe. — A Rosny qui s'approche.) Il y a là une bien belle demoiselle, un bel ange, avec qui je veux vous faire faire connaissance.

ROSNY.

Oh! sire, un ange.

## SCÈNE XIV.

LES MÊMES, GRATIENNE.

GRATIENNE, *ouvrant et reconnaissant le roi.*

Le roi! Oh! madame! madame! (Elle court avertir Gabrielle.)

HENRI.

Chut!... (A Rosny.) Oui, un ange d'innocence, de pureté. Tu n'y crois pas, Rosny, parce que je suis roi. Eh bien! tu vas voir si je ne suis pas plus heureux qu'un roi! Viens! (Ils entrent.)

## SCÈNE XV.

MADAME D'ENTRAGUES, HENRIETTE, LA RAMÉE. (Ils entrent par le jardin du couvent.)

LA RAMÉE.

Était-ce bien nécessaire, madame, d'apporter vous-même votre présent aux Franciscains!

LA COMTESSE.

Henriette l'a voulu.

LA RAMÉE, *à part.*

Pourquoi vient-elle en ce couvent, avec cette parure.

HENRIETTE, *à part.*

Je suis sûre que le roi est ici, mon frère m'a prévenu qu'il viendrait, et cette Gabrielle y loge!

LA COMTESSE, *à La Ramée.*

Savez-vous qu'en nous voyant nous rejoindre j'ai craint de mauvaises nouvelles...

LA RAMÉE, allant à Henriette qui cherche et s'éloigne peu à peu.

Où va donc mademoiselle? le jardin finit là.

HENRIETTE.

J'admire la vue qui est splendide!

LA RAMÉE, *à la comtesse.*

Pardon, madame, des nouvelles de quoi?

LA COMTESSE.

De la scène du pavillon.

LA RAMÉE.

Rassurez-vous, aucune trace; toutes mes recherches ont été vaines. Dans les ténèbres, celui qui emportait son compagnon a dû rencontrer la rivière et notre secret y est enseveli.

HENRIETTE, *avec colère et à part.*

Notre secret!

LA RAMÉE, *à Henriette.*

Si nous retournions, ce serait plus prudent. On a vu dans les environs des gardes du Béarnais, et le régiment de Crillon ne respecte pas la trêve!

HENRIETTE, *à part.*

Partir sans l'avoir vu....

LA RAMÉE.

Vous savez qu'il y aurait danger pour moi à les rencontrer.

HENRIETTE.

Je ne vous retiens pas. (Elle s'approche de sa mère.)

LA RAMÉE, *à part.*

Cœur de glace! On dirait qu'elle veut m'éloigner!

LA COMTESSE, *bas à Henriette.*

Ménagez-le, mademoiselle. (Haut.) Monsieur a raison, partons!

HENRIETTE, *à part.*

Oh! ce joug! je le briserai!

## SCÈNE XVI.

LES MÊMES, ROSNY, *sortant de chez Gabrielle,* puis LE ROI, GABRIELLE, COURTISANS, DAMES, GARDES.

ROSNY, *allant au fond.*

L'escorte de Sa Majesté!

LA COMTESSE.

Le roi!

HENRIETTE.

Enfin!

LA RAMÉE.

Je comprends! (Le Roi, Gabrielle sortent par le perron. — Paraissent des gardes qui montent par l'escalier du fond. — Entrent de différents côtés des seigneurs, des dames et des pages, puis des religieux, attirés par le désir de voir le roi.

HENRIETTE, *à part, regardant Gabrielle.*

C'est vrai qu'elle est belle!

LE ROI.

Non, Gabrielle, n'excusez pas monsieur d'Estrées, c'est une violence indigne, un odieux guet-apens. Mais je vous rendrai la liberté, soyez tranquille.

GABRIELLE.

Sire, on peut vous entendre.

LE ROI, *apercevant mesdames d'Entragues.*

Ah!

HENRIETTE, *à part.*

Il m'a vue.

LE ROI.

Mesdames d'Entragues, mes belles ennemies! (La comtesse se fait bas.)

HENRIETTE.

Votre Majesté n'a pas d'ennemis dans ma famille.

LA RAMÉE, *à part.*

Lâcheté!

GABRIELLE, au roi qui regarde Henriette.

Mon père!

## SCÈNE XVII.

Les Mêmes, M. D'ESTRÉES, suivi de quelques personnes.

M. D'ESTRÉES, à part.

Le roi ici!

LE ROI.

Ah! M. d'Estrées. Depuis quand, en France, n'est-on pas honoré d'inviter le roi à ses noces?

M. D'ESTRÉES.

Sire... j'ai cru que les devoirs d'un père...

LE ROI.

Vous êtes père. C'est bien, je suis roi et je me souviendrai!

HENRIETTE, à part.

Elle est mariée!

GABRIELLE, suppliante.

Pardonnez au comte, sire, pardonnez!

LE ROI.

Jamais! (Au comte.) C'est rompu entre nous!

M. D'ESTRÉES.

Alors ce n'est point pardon, que je demande, c'est justice!

LE ROI.

En vérité!

M. D'ESTRÉES.

Mon gendre a disparu, sire. On vient de l'enlever. (Surprise générale.)

LE ROI.

Accusez-vous quelqu'un?

M. D'ESTRÉES.

Deux hommes qui ont disparu avec lui.

GABRIELLE, à part.

Mes deux sauveurs!

LE ROI.

Désignez-les.

M. D'ESTRÉES.

D'abord un garde de Crillon, nommé Pontis.

## SCÈNE XVIII.

Les Mêmes, PONTIS.

PONTIS, accourant.

Moi?

LA RAMÉE, avec effroi.

Pontis!

LE ROI.

Il n'a pas disparu, puisque le voici.

M. D'ESTRÉES.

Oh! il y en a un autre, son compagnon, un jeune homme blessé qui loge ici depuis trois semaines.

HENRIETTE ET SA MÈRE.

Mon Dieu!

LA RAMÉE.

Un blessé! (Pendant ce temps Pontis a couru chercher Espérance, et lui ouvre la porte.)

## SCÈNE XIX.

Les Mêmes, ESPÉRANCE. Il entre s'appuyant sur Pontis.

ESPÉRANCE.

On m'accuse?—Le roi!... (Il s'incline; tout-à-coup, en se retournant il aperçoit Henriette et ne la quitte plus du regard, la Comtesse, Henriette et la Ramée se regardent frappés de la foudre.)

LE ROI.

Ce jeune homme peut à peine se tenir. A-t-il pu enlever quelqu'un.

LA COMTESSE, à La Ramée.

Fuyez, malheureux! (La Ramée s'enfuit avec un geste de menace.)

PONTIS, apercevant La Ramée.

La Ramée! (Il fait un bond, Espérance le saisit par la main.)

ESPÉRANCE.

Tais-toi et demeure.

LE ROI, à d'Estrées.

Vous ne dites plus rien, Monsieur, voilà pourtant ceux que vous accusiez. J'espère que vous ferez seul vos affaires de famille. Quant à moi, j'aurai soin qu'on respecte mes amitiés. (Monsieur d'Estrées s'incline et se retire suivi de quelques invités, le roi à Gabrielle.) Madame, je ferai casser ce mariage, et si vous craignez quelque violence, comptez sur ma protection. Attendez ici de mes nouvelles. (Plus bas.) J'emporte votre douce promesse, ma mie. (Gabrielle baisse la tête. Voyant le trouble d'Henriette.) Qu'a donc mademoiselle d'Entragues? la voilà bien pâle.

LA COMTESSE, vivement.

Sire, l'auguste présence de votre majesté. (Le roi la salue et va parler à Rosny et à d'autres gentilshommes.)

GABRIELLE, bas à Espérance.

Merci pour votre esprit, merci pour votre dévouement; je vais revenir, attendez-moi.

LE ROI, se retournant, à Gabrielle.

Vous m'accompagnez jusqu'aux grilles, n'est-ce pas? (Ils sortent par l'escalier suivis des Courtisans, des Dames, des Pages, puis des Gardes.)

LA COMTESSE, pendant qu'ils traversent la terrasse.

Venez, Henriette!

HENRIETTE, à sa mère.

Madame, il faut que je lui parle. Il le faut! (Elle éloigne sa mère.)

PONTIS, qui trépigne d'impatience depuis le départ de La Ramée.

Le roi n'est plus là, attends. (Il s'élance à sa poursuite malgré les efforts d'Espérance.)

ESPÉRANCE.

Pontis! Pontis!... bah!

## SCÈNE XX.

HENRIETTE, ESPÉRANCE. Au moment où Espérance se retourne, Henriette l'arrête.

HENRIETTE.

Pardon! oh pardon, vous ne m'accusez point, n'est-ce pas, de l'horrible aventure qui a failli vous coûter la vie.

ESPÉRANCE.

Il me semble que je ne vous ai rien dit, mademoiselle.

HENRIETTE.

Il est vivant!... Ce remords va donc cesser d'empoisonner mes nuits.

ESPÉRANCE.

Enchanté, mademoiselle, d'avoir involontairement contribué à rendre vos nuits meilleures.

HENRIETTE.

Oh! ne m'épargnez pas la colère, les reproches, je les mérite; j'ai été lâche, j'ai eu peur.

ESPÉRANCE.

De la colère, pourquoi? ma blessure est cicatrisée; mon corps n'a plus le droit de garder rancune à l'assassin. La douleur, brûlure amère, quinze à vingt nuits de fièvre, de délire, qu'est-ce que cela? c'est le payement des instants de bonheur que ma maîtresse m'avait donnés. Nous sommes quittes. Quant à l'âme? Oh! c'est différent. Effaçons! effaçons!

HENRIETTE.

Pardonne... J'ai été ambitieuse! Pardonne, j'ai caressé les chimères qui dessèchent le cœur; fais plus que pardonner, toi qui n'es pas composé de fiel et de boue comme nous autres. Au nom de ce temps évanoui, de ces douces heures où ton cœur, glacé aujourd'hui, battait si fort près du mien, tends-moi la main, Espérance, et répète avec moi : Oubli, amitié.

ESPÉRANCE.

Mademoiselle, l'amitié vaut, à mes yeux, encore plus que l'amour. Elle n'est point le reste usé, fané, décoloré de l'autre. Vous rappelez-vous cette femme courbée sur mon cadavre, et marchant dans mon sang! Je me la rappelle, moi! Je ne serai jamais votre ami.

HENRIETTE.

Vous êtes bien dur. Je m'humilie. Voyons, j'ai demandé l'aumône d'une réconciliation. (Espérance ne répond rien.) Ainsi, je suis refusée, bien refusée, monsieur!... (Elle s'incline et s'éloigne.) Il ne nous reste plus qu'à terminer ensemble.

ESPÉRANCE, se retournant.

Terminer?

HENRIETTE.

Oui, un refus d'amitié signifie promesse de haine.

ESPÉRANCE.

Je n'ai pas dit cela.

HENRIETTE.

Pas de subtilité! vous êtes libre, n'est-ce pas, puisque vous venez de vous dégager de moi. Eh bien, je ne dois pas rester votre esclave... Je la suis. Vous tenez un bout de chaîne qui gênera toute ma vie, une chaîne qui me déshonore. Rompez-la, monsieur, lâchez-la!

ESPÉRANCE.

Ah! votre billet?

HENRIETTE.

Sans doute. Où est-il?

ESPÉRANCE.

Je le garde. Ce n'est pas que je veuille vous tenir esclave, si vous ne nuisez à personne, et vous faire rougir quand je passerai. Je vous jure de détourner la vue si je vous rencontre. Mais vous ferez de nouvelles victimes; j'aurai peut-être quelqu'ami à défendre contre vous. Pour cela il me faut une arme; ce billet me convient, vous ne le reverrez jamais.

HENRIETTE.

C'est lâche!

ESPÉRANCE.
Si j'en crois vos yeux, c'est plutôt téméraire.
HENRIETTE.
Vous me forcerez donc de le reprendre!
ESPÉRANCE.
Tant que vous me laisserez une goutte de sang, je vous en défie!
HENRIETTE.
Réfléchissez! (Espérance hausse les épaules.) Je ne vous dirai plus qu'un mot : Je vous hais! Prenez garde!
ESPÉRANCE.
Vous en avez dit deux de trop! (Elle sort après lui avoir jeté un dernier regard.)

## SCÈNE XXI.
ESPÉRANCE, PONTIS.

PONTIS, hors de lui, poudreux, en lambeaux.
Espérance! Espérance!
ESPÉRANCE.
Qu'y a-t-il? comme te voilà fait! Vous vous êtes battus?
PONTIS.
Comme deux chiens!
ESPÉRANCE.
Tu as fait un malheur?
PONTIS.
Affreux!
ESPÉRANCE.
Tu l'as...
PONTIS, consterné.
Je l'ai manqué!
ESPÉRANCE.
Eh bien, moi, un jour ou l'autre, on ne me manquera pas.
PONTIS.
Pourquoi? grand Dieu!
ESPÉRANCE.
Pour me voler ce papier si frais, si parfumé, que voici : enfermé dans ce reliquaire d'or.
PONTIS.
Je devine.
ESPÉRANCE.
Par quelque nuit sombre, je serai surpris, égorgé, et cette fois, pas de Pontis pour me prendre sur ses épaules, pas de frère chirurgien pour me ressusciter! Elle aura volé le billet! Pour elle, c'est l'impunité. Pour moi, c'est la vengeance. Je le confie à l'honneur d'un soldat, à la reconnaissance d'un ami.
PONTIS.
Donne! (Il prend le reliquaire.)
ESPÉRANCE.
Ainsi, ni pour sang ni pour or, ni demain, ni dans vingt années, ni vivant, ni mourant, tu ne te laisseras prendre ce reliquaire.
PONTIS.
Oh! je te le jure!
ESPÉRANCE.
Je suis heureux! Ils ne gagneront rien à ma mort.
(Il embrasse Pontis avec effusion.)

## SCÈNE XXII.
LES MÊMES, GABRIELLE, rentrant du fond des jardins, GRATIENNE sur le perron.

GRATIENNE.
Comme il n'y a plus de repas de noce, j'ai servi le goûter sous les chèvrefeuilles.
GABRIELLE, à Pontis.
Venez, mon sauveur! (À Espérance.) Venez, mon ami!
(Ils entrent tous trois chez Gabrielle.)

## QUATRIÈME TABLEAU

La Porte-Neuve, quai de l'École. — Grande esplanade bornée par un rempart. — La rivière au fond, sous le mur. A gauche au troisième plan, la Porte-Neuve. Au premier plan du même côté, un corps de garde sous un auvent. — A droite, les premières maisons du faubourg.

## SCÈNE PREMIÈRE.

OUVRIERS démolissant le mur qui bouchait la porte. D. JOSÉ CASTIL, OFFICIERS, SOLDATS ESPAGNOLS, PEUPLE, ETC.

D. JOSÉ, paraissant suivi de quelques officiers.
On n'enlèvera pas un moellon de plus. Pourquoi ouvrir cette porte qui était murée? N'y a-t-il pas là-dessous encore quelque trahison?
ESPAGNOLS.
C'est vrai, capitaine, c'est vrai.
D. JOSÉ.
Chassez-moi ces ouvriers français. (Les Espagnols dispersent les ouvriers.)

## SCÈNE II.
LES MÊMES, BRISSAC, suivi de quelques soldats français.

BRISSAC.
Eh! là, là, messieurs les Espagnols! doucement! voilà bien du bruit.
D. JOSÉ.
Monsieur le gouverneur, la Porte-Neuve doit rester murée.
BRISSAC.
Monsieur le capitaine, elle restera ouverte jusqu'à ce que j'aie donné un ordre contraire.
D. JOSÉ.
Mais, monsieur, j'ai le poste à garder.
BRISSAC.
Et moi, j'ai Paris.
D. JOSÉ.
J'ai reçu l'ordre de chasser vos travailleurs.
(Il le montre à Brissac.)
BRISSAC, lisant.
« Signé La Ramée? » Qu'est-ce que c'est que cela, La Ramée?
D. JOSÉ.
Le nouveau commandant nommé par nous et M. de Mayenne.
BRISSAC.
Ne l'écoutez pas, car si l'on touche à un seul de mes piocheurs, je connais les Parisiens, ils se fâcheront et jetteront vos Espagnols à la rivière.
D. JOSÉ.
Monsieur...
BRISSAC.
Ah! monsieur, ne m'en parlez pas, depuis que le roi s'est fait catholique, c'est surprenant, on dirait que les Parisiens ne sont plus du tout espagnols.
D. JOSÉ.
Mais nous le sommes, nous, et l'on verra.
BRISSAC.
Corbleu, si l'on verra! je crois bien!
(Arrivée des troupes un tambour en tête, elles se rangent sur l'Esplanade.)
D. JOSÉ.
Qu'est-ce que ces troupes-là?
BRISSAC.
La garde montante. Est-ce que d'habitude le service ne se fait pas moitié par vous, moitié par nous?
D. JOSÉ.
Nous sommes déjà soixante Espagnols ici, pas de Français! pas de Français! (Arrivée d'un peloton de milice bourgeoise ayant aussi un tambour en tête.) Encore?... Qu'est-ce que ceux-là?..
BRISSAC.
La milice bourgeoise que je vous présente. (On rit.) Vous étiez inquiet pour votre poste, plus vous aurez de monde, plus vous serez tranquille.
D. JOSÉ.
Et vous comptez sur ces gens-là pour défendre Paris! regardez-moi ce peloton! voilà des tournures. (On rit.)
BRISSAC.
Ce sont des apprentis tanneurs et quincailliers qu'on arme pour la première fois, vous ne pouvez pas leur demander d'être des César. Et puis, enfin, ils sont un peu chez eux, ici... Lesquels prenez-vous? ceux de là-bas ou ceux d'ici?...
D. JOSÉ, désignant les bourgeois.
Eh bien, je choisis ceux-là! (Rires des Espagnols.)
BRISSAC.
Vous avez la main heureuse. (Aux bourgeois.) Entrez, messieurs! (Le peloton entre au poste.)
DON JOSÉ, à ses hommes.
C'est égal : au premier mouvement suspect, feu sur eux!
BRISSAC, à demi-voix, aux bourgeois.
Garde à vous, Parisiens! (Haut.) Je continue ma ronde. Paris a quatorze portes, messieurs, et six lieues de tour! (Il s'éloigne avec don José, escorté du détachement français. — Les bourgeois s'installent.)

2

## SCÈNE III.

ESPAGNOLS, groupés au fond; LES BOURGEOIS, ESPÉRANCE.

ESPÉRANCE, arrivant par la Porte Neuve.

Disparue... Envolée comme un rêve... Oh! Gabrielle! après huit jours de cette tendre et chaste amitié! disparue tandis que je l'attendais sous les saules, où depuis le départ de Pontis, elle et moi, nous nous promenions si doucement tous les soirs! — Ni violence, ni bruit, — ni traces de son départ. S'est-elle réconciliée avec son père, — avec son mari?... Les Franciscains gardent bien un secret!... Cependant Gabrielle était entrée dans ma cellule; — c'est bien elle qui a écrit sur ma table : Adieu, pour jamais; — c'est bien elle qui, penchée pour écrire, a laissé tomber ces deux larmes que j'ai baisées... — Elle était riante et douce, elle me regrettera. — Je l'aimais! — Voyons, me voici à Paris; l'hôtel de Sourdis est près de la Porte-Neuve, on m'y donnera de ses nouvelles. — On me dira la vérité sur ce départ mystérieux. (Il veut passer.)

UNE SENTINELLE, placée à droite.

On ne passe pas.

ESPÉRANCE.

Je vais dans Paris.

LA SENTINELLE.

On n'entre pas à Paris.

ESPÉRANCE.

Personne?

LA SENTINELLE.

Non!

ESPÉRANCE.

Ah?... Eh bien, tant mieux... elle n'est pas entrée non plus; — j'étais venu trop vite; — je chercherai mieux, je questionnerai sur les routes. (Il se dirige vers la porte.)

UN FACTIONNAIRE, placé près de la porte.

On ne sort plus!

ESPÉRANCE.

Comment, on ne sort plus?...

LE FACTIONNAIRE.

Non!...

ESPÉRANCE.

Alors, pourquoi m'avez-vous laissé entrer? (Silence du Factionnaire, qui lui tourne le dos.) Brute espagnole! Voyons, il y a des Français ici, quelque part. — Voilà des gardes bourgeois. (S'approchant de l'un d'eux qui est couché près d'un pilier.) Camarade... pouvez-vous me dire le moyen de ne pas entrer à Paris et de ne pas en sortir?

PONTIS.

C'est de rester ici, monsieur... sur la paille, ou de parler en attendant un officier.

ESPÉRANCE, le reconnaissant.

Pontis!... (Pontis met un doigt sur ses lèvres.) Pontis en garde bourgeois! (Il s'éloigne un peu; un des dormeurs, accoudés sur son épée, se soulève.) Monsieur de Crillon!...

CRILLON.

Chut!

ESPÉRANCE.

Oh! oh! il va se passer quelque chose de curieux!

## SCÈNE IV.

LES MÊMES, DON JOSÉ, GARDES.

DON JOSÉ.

Eh bien, messieurs, que disais-je! on signale dans la plaine des détachements de l'armée royale. — Bonne garde! doublez les factionnaires, — Relevez le pont! (Le mouvement s'exécute.)

CRILLON, à Espérance.

Qu'êtes-vous venu faire ici, malheureux enfant?... Profitez de la bagarre, partez! ce n'est pas votre place!

ESPÉRANCE.

Pourquoi?

CRILLON.

On va s'écharper à la Porte-Neuve, et votre mère vous a recommandé à moi.

ESPÉRANCE.

Ma mère m'a défendu de porter les armes contre Crillon; — elle ne m'a pas défendu de combattre à ses côtés.

CRILLON.

Vrai?...

ESPÉRANCE.

Je reste! (Crillon l'embrasse avec transport.)

DON JOSÉ, qui les guette.

Qu'y a-t-il?... que dit-on là-bas?

## SCÈNE V.

LES MÊMES, LA RAMÉE.

LA RAMÉE, accourant.

Alerte! alerte! don José, l'armée royale est en marche sur Paris. Ses vedettes s'avancent de ce côté.

PONTIS.

Mais, c'est La Ramée!

LA RAMÉE.

Pontis!... un garde du Béarnais!

ESPÉRANCE.

Eh bien?

LA RAMÉE.

Espérance!... Trahison!... Aux armes!

CRILLON.

Pontis, tous les mousquets dans la rivière! (Les gardes bourgeois s'élancent et jettent par-dessus le parapet le râtelier des mousquets espagnols. — Mêlée générale.)

CRILLON, se jetant à la tête de ses gardes.

Pas un coup de feu!... A moi, gardes! ici je suis Crillon, harnibieu!... rendez-vous!

D. JOSÉ, avec ironie.

Douze contre soixante!

CRILLON, l'abattant d'un coup d'épée.

Contre cinquante-neuf! Tenez, Espérance, l'épée est bonne! (Il lui donne son épée. Trompettes au dehors, tambours.) Enfants, entendez-vous? on nous appelle. Il s'agit d'ouvrir la porte au roi! Passage!

LA RAMÉE, au milieu des Espagnols.

Non!

PONTIS.

Attends, toi, nous allons régler notre compte! (Il se précipite en avant; les gardes le suivent et font un trou dans la masse des Espagnols. Crillon abat le pont-levis à coups de hache, on l'entend tomber bruyamment. Acclamations au dehors. Les troupes royales mettent le pied sur le pont. Pontis se trouvant en face de la Ramée.) Enfin!

ESPÉRANCE.

Laisse-le-moi, je t'en supplie!

LA RAMÉE.

Ni à l'un, ni à l'autre! (Il s'élance par-dessus le parapet.)

PONTIS.

Oh! oh!... (Il lui jette épée, hache, et se serait jeté lui-même sans Espérance qui le retient.)

ESPÉRANCE.

Tu vois bien que Dieu ne veut pas qu'il meure en soldat!... (Les Espagnols, écrasés, se rendent ou sont jetés morts dans le fossé. Acclamations, enfèvres.)

CRILLON.

Victoire!

TOUS.

Victoire! (On voit entrer l'armée royale, qui défile avec musique et tambours, au bruit lointain du canon. Le peuple accourt. Le roi entre à son tour à cheval, armé de toutes pièces, tête nue. Acclamations.)

## SCÈNE VI.

LES MÊMES, LÉONORA, ZAMET, à l'angle des premières maisons.

LÉONORA.

Eh bien! Zamet, voilà Henri roi de France! Quand annoncerons-nous à notre duchesse qu'elle est reine?

ZAMET.

Pas encore. La reine, aujourd'hui, la voici qui entre dans sa bonne ville de Paris. (Une riche litière paraît au milieu des soldats.)

LÉONORA.

Royauté qui ne durera pas!

ESPÉRANCE, voyant Pontis près de cette litière, dans laquelle se trouvent Gabrielle et Gratianne, à part.

Qui donc salue-t-il ainsi? (Haut.) Pontis, qui donc est là?...

PONTIS.

Notre amie des Franciscains, qui va faire au roi les honneurs du Louvre. La belle Gabrielle!

ESPÉRANCE.

Oh! (La litière approche.) Gabrielle!

GABRIELLE.

Lui!... (A la vue d'Espérance, elle se voile le visage. La litière passe.)

PONTIS.

Va-t-on s'amuser à Paris!

ESPÉRANCE.

Dans deux heures, j'en serai bien loin. Cette fois la blessure a touché le cœur! (Vivats. — Cris. — Fanfares pendant le défilé de l'armée.)

# ACTE III.

## CINQUIÈME TABLEAU.

Le palais de la Cerisaie.—Jardin splendide.—Palais florentin au fond, à gauche contre-fort d'un mur de séparation.—Brèche qui découvre un escalier à moitié caché sous les lierres.—Banc du même côté.— Au lever du rideau plusieurs valets rapportent de cette brèche des seaux et des cordes.

### SCÈNE PREMIÈRE.

**GUGLIELMO, L'INTENDANT DE ZAMET.**

L'INTENDANT.
Dieu merci, voilà le feu éteint. Grâce à vous, mon cher confrère! Sans l'idée que vous avez eue d'ouvrir ce passage dans le mur qui nous sépare pour nous envoyer plus vite l'eau de vos bassins, la maison de mon maître était brûlée jusqu'aux caves.

GUGLIELMO.
Monsieur Zamet est donc absent?

L'INTENDANT.
Il danse et se divertit avec toute la cour au baptême du fils de notre roi et de madame Gabrielle... Il danse! et je n'ai pas eu le temps de le prévenir, et nous attendons cette nuit cent personnes, et tout est brisé, noirci, inondé. Malheureux intendant que je suis! il me chassera.

GUGLIELMO.
Pourquoi, s'il n'y a pas de votre faute?... Êtes-vous depuis longtemps à son service?

L'INTENDANT.
Il n'y a qu'un an aujourd'hui! Le propre jour de l'entrée du roi à Paris. (A part, tandis que Guglielmo écoute un valet qui vient lui parler bas.) Un an! Je n'ai encore eu le temps de rien faire que du zèle... Je suis ruiné!

GUGLIELMO, vivement.
Introduisez vite!

L'INTENDANT.
Je vous laisse à vos affaires... Merci, et adieu. (Aux serviteurs qui reparaissent.) Rentrons par ici, vous autres. (Ils rentrent chez Zamet par l'escalier.)

### SCÈNE II.

**GUGLIELMO, CRILLON.** LE VALET qui l'introduit lui désigne Guglielmo.

CRILLON.
C'est vous qui êtes l'intendant?

GUGLIELMO.
Oui, monsieur.

CRILLON.
De qui?

GUGLIELMO.
De monseigneur.

CRILLON.
Quel monseigneur?

GUGLIELMO.
La personne qui a invité monsieur le chevalier à venir ce soir rue de la Cerisaie.

CRILLON.
Fort bien! « Une personne qui vous est bien chère, » dit l'invitation. Où est-il cet ami si cher? Son nom seulement.

GUGLIELMO.
Nous avons ordre de ne pas nommer monseigneur avant son arrivée.

CRILLON.
Se raille-t-on de moi?

GUGLIELMO.
C'est une idée qui ne vient à personne quand il s'agit du chevalier de Crillon. Mon maître vous a donné rendez-vous à six heures... Six heures ne sont pas encore sonnées. (Il salue profondément, et pendant ce qui suit il remonte et donne des ordres à des valets qui viennent d'entrer, puis il les congédie.)

CRILLON, à part.
Voilà qui achève de me confondre. Un moment j'ai cru trouver ici l'ingrat qui m'a quitté si cruellement, si vite, il y a un an, et qui me laisse depuis ce temps sans nouvelles... Mais ce luxe inouï, ces splendeurs, ce titre de monseigneur... Cependant, contre toute raison, ma pensée s'acharne à ce souvenir... Tout m'y ramène, jusqu'à la figure de ce vieillard qui me rappelle... Oh!... voyons-le donc encore... (A Guglielmo.) Dites-moi, maître...

GUGLIELMO.
Monsieur le chevalier?...

CRILLON, le regardant attentivement.
Ces jardins, ce palais, ces merveilles, tout cela est nouveau? Tout cela est sorti de terre comme par miracle?

GUGLIELMO.
Tout est créé depuis quelques mois seulement.

CRILLON.
Votre maître est donc bien riche?

GUGLIELMO.
Fort riche.

CRILLON, avec intention.
Il y a de ces palais à Venise, n'est-ce pas?... Ne vous ai-je pas vu à Venise?...

GUGLIELMO.
Comment cela, monsieur?

CRILLON.
Il y a vingt-deux ans... un soir... dans une villa de l'île San-Lazaro... où certain écuyer m'avait conduit... Cet écuyer, n'était-ce pas vous?

GUGLIELMO.
Monsieur le chevalier se trompe. Je ne suis pas écuyer... Je n'ai jamais été à Venise.

CRILLON.
Ah!

GUGLIELMO.
Si monsieur le chevalier veut entrer au palais en attendant monseigneur?...

CRILLON.
Merci! je visiterai ces jardins. (Il se promène au fond.)

### SCÈNE III.

**LES MÊMES, PONTIS,** entrant du côté opposé.

DE PONTIS.
Six heures, rue de la Cerisaie... au palais neuf... un ami bien cher... Je n'ai pas d'amis dans les palais... C'est égal, puisque m'y voici... (A Guglielmo.) Monsieur, c'est une mystification, n'est-ce pas? dites-le-moi tout de suite, j'aime mieux cela...

GUGLIELMO.
Monsieur de Pontis, je crois?

PONTIS.
Oui, monsieur.

GUGLIELMO.
Monseigneur sera ici à six heures. (Il salue et sort.)

PONTIS.
Monseigneur... monseigneur... je suis attendu par monseigneur?... Sambioux! (Apercevant Crillon dans l'ombre.) Je ne suis pas seul.

CRILLON.
Voici quelqu'un. (Pontis salue, Crillon aussi.)

PONTIS.
Mon colonel!

CRILLON, lui tirant l'oreille.
Toi!... toi, maraud!... qui te laisses saluer comme ça?

PONTIS.
Pardonnez-moi, monsieur, je vous prenais pour le prince qui m'a écrit.

CRILLON.
On t'a écrit?

PONTIS.
Sans doute.

CRILLON.
Un prince?

PONTIS.
Pour le moins.

CRILLON.
Tu le connais?

PONTIS.
Il paraît.

### SCÈNE IV.

**LES MÊMES, GUGLIELMO, VALETS,** puis **ESPÉRANCE.**

GUGLIELMO.
Monseigneur!... voici monseigneur!... (Une clochette tinte, une nuée de valets s'assemble et se range sur le passage du maître.)

Nous allons enfin le voir!... (Espérance marche lentement, regardant tout autour de lui avec défiance, arrivé près de Crillon.)

CRILLON.
Espérance!

ESPÉRANCE.
Ah!... (Il s'élance vers le chevalier.)

PONTIS.
Cher ami!

ESPÉRANCE.
Mon brave Pontis! (Il l'embrasse aussi.) Savez-vous ce que tous ces gens-là ont à m'appeler monseigneur?...

CRILLON.
Moi, j'allais vous le demander.

PONTIS.
Ne l'es-tu pas?...

ESPÉRANCE.
Pas que je sache. (A Crillon.) J'arrive, vous voyez, exact au rendez-vous que vous m'avez donné...

CRILLON.
C'est vous qui m'avez fait venir.

PONTIS.
Et moi aussi.

ESPÉRANCE.
Moi?... Il y a quelque méprise.

PONTIS.
Je disais bien... c'était trop beau!

GUGLIELMO, à Espérance.
Que monseigneur daigne excuser son humble serviteur. Moi, l'intendant, j'ai envoyé ces invitations, sachant toute la joie qu'aurait notre maître de rencontrer ses amis dans la maison qu'il s'est fait construire...

ESPÉRANCE.
Je me suis fait construire une maison? moi, Espérance?

GUGLIELMO.
Vous, monseigneur Espérance.

ESPÉRANCE.
Où est-elle, ma maison?

GUGLIELMO.
Ici.

PONTIS, vivement.
Ne demande pas d'explications! Ces jardins, ces bâtiments, ce mobilier royal dont ils sont bourrés, tout est à toi. (A Guglielmo.) N'est-ce pas, monsieur, tout est à lui? tout!

GUGLIELMO, offrant à Espérance un trousseau de clés.
Voici les clefs de monseigneur!.. Celle-ci est la clé du coffre-fort.

ESPÉRANCE, pensif.
Très-bien!

PONTIS, à part.
Il aura fait quelque héritage.

CRILLON, à part, regardant Guglielmo.
L'héritage de sa mère!

GUGLIELMO.
Est-ce que monseigneur consent à recevoir quelqu'un qui vient le remercier?

PONTIS, dans l'admiration.
On le remercie, par-dessus le marché...

ESPÉRANCE, absorbé.
Tout ce qu'il vous plaira.

## SCÈNE V.

LES MÊMES, ZAMET.

ZAMET, à l'intendant.
Lequel est monseigneur?...

CRILLON, apercevant Zamet.
Eh! mais, c'est Zamet...

ZAMET.
Monsieur de Crillon!... (Il salue Espérance.) Monseigneur (Guglielmo a parlé à l'oreille d'Espérance.)

ESPÉRANCE.
On m'apprend le malheur qui vient de vous arriver, cet incendie...

ZAMET.
Je devais des remercîments au maître de cette maison, dont les serviteurs ont si obligeamment secouru la mienne.

CRILLON.
Ne soupirez donc pas comme cela, Zamet. Bah! vous êtes assez riche pour en bâtir une autre.

ZAMET.
Si mes dix-sept cent mille écus suffisaient à me la procurer ce soir, je les donnerais bien tout de suite. — Savez-vous que dans deux heures, cent convives vont je n'ai pu désinviter vont venir frapper à ma porte? j'en mourrai.

CRILLON.
Vous n'en mourrez pas, vous les renverrez. (Espérance s'approche de lui.)

ZAMET.
Les renvoyer! (A part.) Renvoyer le roi, M<sup>lle</sup> d'Entragues... les renvoyer!

PONTIS.
Voyons, ils sont cent, donnez-leur à chacun dix-sept mille écus de dédommagement, je gage qu'ils vous tiennent quitte.

ZAMET.
Vous riez, jeune homme, et moi je pense à m'aller pendre au dernier clou de ma maison brûlée. (A Espérance.) Mon gracieux seigneur, je ne vous remercie pas moins du zèle de vos serviteurs. Vous êtes jeune, la fortune vous rit. Vivez heureux! (Il salue le cœur oppressé.)

ESPÉRANCE, à part.
Voyons, voyons, la première personne qui va sortir de cette maison neuve en sortirait la larme à l'œil... (Haut.) Monsieur Zamet, si vous pouviez vous accommoder de ce qu'on appelle ma maison, je vous la prêterais de grand cœur.

ZAMET, transporté.
Plaît-il?

ESPÉRANCE.
Nous sommes porte à porte. Cela ne dérangera pas beaucoup vos convives.

ZAMET.
Vous parlez sérieusement, monseigneur?...

ESPÉRANCE.
Pardieu! seulement rien n'est prêt pour une fête, il faudra nous excuser.

GUGLIELMO.
Que monseigneur se rassure...

ZAMET.
Je ferai venir le souper de chez le baigneur La Vienne.

GUGLIELMO, dédaigneusement.
La Vienne est un cabaretier... Monseigneur a son buffet et sa cave.

ZAMET.
Oui, mais toute mon argenterie est fondue.

GUGLIELMO.
Nous avons notre vaisselle...

ZAMET.
Je cours chez l'artificier du roi pour l'éclairage...

GUGLIELMO.
Ne vous dérangez pas, nous eussions illuminé les jardins pour monseigneur tout seul.

PONTIS, ébahi.
Ah!

ZAMET.
Ainsi, je puis recevoir mes hôtes, disposer de ce palais?...

ESPÉRANCE.
Sans doute.

ZAMET.
A la nuit? (Espérance se retourne vers Guglielmo.)

GUGLIELMO.
Dans une heure, si cela plaît à monseigneur.

ZAMET.
Si vous saviez, monseigneur, quel service vous me rendez?... Vous m'accorderez l'honneur de votre présence, vous et vos amis?...

PONTIS.
Accepte toujours.

ZAMET.
Faites-moi cette grâce, seigneur, comblez-moi!

ESPÉRANCE.
Merci.

ZAMET, saluant.
Monseigneur!... Monsieur de Crillon!... Monsieur le garde!... (Il veut sortir par où il est venu.)

GUGLIELMO, lui montrant la brèche.
Par ce passage, si vous voulez, monsieur, c'est plus court...

ZAMET.
C'est vrai. (A part.) Deux sorties ce soir pour le roi. (Il monte l'escalier et disparaît.)

## SCÈNE VI.

LES MÊMES, moins ZAMET.

PONTIS.
Mon ami, je pense à une chose. S'il y a bal, mon costume jure. Il faut que je te fasse honneur. Est-ce qu'en cherchant dans les armoires de monseigneur, on ne trouverait pas pour moi un habit tant soit peu galant?...

GUGLIELMO.
Sans chercher, monsieur!

PONTIS, à Guglielmo.
Je vous suis! (A Crillon.) Vous permettez, mon colonel. (A Espérance.) Je reviens, cher ami. (A Guglielmo.) Tâchez qu'il soit rouge. (Ils sortent.)

## SCÈNE VII.

### ESPÉRANCE, CRILLON.

CRILLON.

Eh bien, coureur, enfant perdu, ingrat, vous voilà donc ! Un an d'absence, quand vous annonciez une promenade de quinze jours !

ESPÉRANCE.

Vous savez, monsieur, ce que c'est que le voyage. La route a des attraits mystérieux, les arbres semblent vous tendre les bras et vous appeler, de sorte que, de l'un à l'autre, on va très-loin sans s'en apercevoir.

CRILLON.

Et pas de nouvelles...

ESPÉRANCE.

J'ai écrit à Pontis.

CRILLON.

Pontis n'avait pas de chance de recevoir votre lettre, toujours en campagne, comme moi, pour en finir avec ces brigands de ligueurs.

ESPÉRANCE.

Ah ! il y a encore des ligueurs ?

CRILLON.

Vous ne le savez pas? cependant, si vous ignorez leurs exploits de grand chemin, dernières convulsions des factions vaincues, vous connaissez, mieux que personne, le général qui les commande. Son nom ?... Cherchez bien, il est écrit là, sur votre poitrine.

ESPÉRANCE.

La Ramée !

CRILLON.

Est chef d'une armée que l'Espagne lui paye. Il tient la campagne contre le roi. Vous vous demandez s'il est fou. Oui... son amour insensé pour une autre de vos amies, mademoiselle d'Entragues, lui fait faire ces folies qui seraient sublimes si elles n'aboutissaient à l'ovale d'un nœud coulant. Il lui a écrit qu'il la ferait princesse, et elle se moque de lui ; mais en attendant il a ramassé sous la loque qu'il appelle son drapeau, une certaine quantité de canailles qui entretiennent la guerre civile dans la province, ce qui fait passer des nuits cruelles à notre pauvre roi. Mais tout cela ne vous regarde pas, vous êtes bourgeois, vous. Où avez-vous voyagé ?

ESPÉRANCE.

Je suis allé à Venise.

CRILLON, étonné.

Ah !... qu'alliez-vous chercher là ?

ESPÉRANCE.

Mais... rien.

CRILLON.

Rien ?... Vous ne me traitez pas en ami, soit ! (Il s'éloigne avec dépit.) Parlons d'autre chose. L'amitié de Crillon !... qu'est-ce que Crillon, un vieux soudard, qui n'a peut-être jamais été jeune.

ESPÉRANCE.

Ah ! vous êtes cruel, vous m'arrachez les secrets du cœur.

CRILLON.

C'est donc bien triste, Venise ? En effet, c'est une ville monotone.

ESPÉRANCE.

Oh ! non, je ne m'y suis pas ennuyé. J'y ai été adorablement heureux.

CRILLON.

Le fait est qu'à tout prendre c'est un joyeux séjour pour les jeunes gens.

ESPÉRANCE.

J'y ai bien pleuré.

CRILLON.

Ah ! mais, vous m'embrouillez terriblement. Très-heureux et vous pleuriez toujours, à quel propos ?

ESPÉRANCE.

Je ne sais. Cela m'a pris tout de suite.

CRILLON.

A propos de cette coquine d'Entragues qui a couru après vous aux Franciscains, je le sais ! vous en teniez encore pour elle, et voilà pourquoi vous nous avez quittés !

ESPÉRANCE.

Il y a un peu de cela.

CRILLON.

Mais ce n'était pas une raison pour pleurer, il y a assez d'eau à Venise, harnibieu !

ESPÉRANCE.

Que voulez-vous ; après l'assaut de la Porte-Neuve, je me suis trouvé tout à coup seul au monde. A qui m'attacher ? à vous ?... pour aller semer mes misérables petites épines dans votre route glorieuse. A Pontis ? que j'eusse gâté par mon oisiveté... Savez-vous à qui j'ai pensé ?...

CRILLON.

Ma foi, non.

ESPÉRANCE.

A ma mère.

CRILLON, ému.

A... Quelle idée... puisque vous ne la connaissiez pas !

ESPÉRANCE.

Précisément. Lorsque je vous remis une lettre d'elle au camp, vous la teniez ouverte, mes yeux ont lu, sans indiscrétion, ce vous jure : de Venise au lit de mort. (Crillon tressaille.) Ces mots-là, monsieur le chevalier, avaient été tracés de la main de ma mère, ce lit de mort était le sien... De sorte que, l'envie de pleurer m'ayant pris, comme je vous le disais, j'ai été m'enfermer à Venise, où s'était exhalé le dernier soupir de cette femme infortunée. Nul ne me connaissait, je ne voulais interroger personne, et j'ai cherché. Les palais, les églises, les couvents, tout ce qui est silencieux et sombre, tout ce qui est pompeux et bruyant, j'ai tout questionné, tout exploré, dans mes épanchements douloureux. Je foulais dalle par dalle la place Saint-Marc, la Piazzetta, le quai des Esclavons, persuadé qu'à Venise il n'est pas une âme qui n'ait promené là son corps ; persuadé, par conséquent, que ma mère avait posé le pied là où je marchais. Que de fois, traversant, par une belle lune, les méandres fleuris des îles voisines, ne me suis-je pas dit que c'était une belle place pour une tombe mystérieuse, que ces oasis de joncs odorants, de grenadiers, de tamarins aux senteurs de miel ! Et, là, dans ces solitudes, partout où j'ai vu brûler la lampe tremblante d'une madone, partout où j'ai vu monter les cyprès dans l'herbe, derrière une église en ruines, je me suis dit : cette lumière brûle peut-être pour l'âme de ma mère, elle dort peut-être sous ces arbres noirs ! Et je pleurais... et j'aimais ma mère. C'est si bon d'aimer quelqu'un ! (Crillon se détourne. Il frappe du pied, il secoue la tête pour cacher son émotion.) Vous riez de moi, n'est-ce pas ?

CRILLON.

Ce diable de Zamet a empli le jardin de fumée. (Il s'essuie furtivement les yeux.) Enfin, vous voilà revenu. Vous êtes riche, nous allons nous divertir. Je vous mènerai à la cour.

ESPÉRANCE.

Non ! oh non !

CRILLON.

Vous avez tort ; la marquise est en faveur ; autour d'elle, on ne fait que banqueter et danser perpétuellement... Quand je dis perpétuellement, cela ne durera pas ; mais enfin...

ESPÉRANCE.

Pourquoi, si le roi aime sa... maîtresse ?...

CRILLON.

Cela ne suffit pas... d'autres ne l'aiment pas.

ESPÉRANCE.

On la disait douce et charitable.

CRILLON.

Eh ! mon Dieu, elle l'est.

ESPÉRANCE.

Elle a donné un fils au roi.

CRILLON.

Un bâtard !... La belle avance !... Superbe enfant, je ne dis pas... qui fait plaisir à voir... comme la mère, du reste... Elle est bien belle... jamais elle n'a été plus belle... Hier, en dansant avec elle à Saint-Germain, aux fêtes du baptême, je me disais...

ESPÉRANCE, vivement.

Et Pontis...

CRILLON.

Hein ?...

ESPÉRANCE.

Pardon... non, ce n'est pas ce que je voulais dire... Enfin, voilà déjà qu'on verse du fiel dans le bonheur de ce pauvre roi.

CRILLON.

Ce pauvre roi n'est jamais si heureux que quand il se distrait de son bonheur, et comme beaucoup de gens l'y aident... la marquise n'a qu'à se bien tenir.

ESPÉRANCE.

Quoi, malheureuse, elle aussi !

CRILLON.

Ah çà, est-ce que vous allez garder cet air funèbre ?

ESPÉRANCE.

Songez que j'ai beaucoup souffert.

CRILLON.

Eh ! vous avez reçu un coup de couteau, c'est vrai... j'en ai reçu plus de soixante, sans compter les balles et la menue grenaille. Vous avez perdu trois pintes de sang, j'en ai perdu un baril, et je ris, mordieu! et je fais les cornes à l'ennui, cordieu!... Et je danserai, harnibieu! au baptême du premier fils que nous donnera Gabrielle.

ESPÉRANCE.
Mon Dieu, il ne sait pas ce qu'il me fait souffrir.

CRILLON, qui a remarqué cette douleur.
Ce jeune homme a quelque chose.

### SCÈNE VIII.

LES MÊMES, PONTIS. DES INVITÉS qui traversent le théâtre, puis GUGLIELMO.

PONTIS, resplendissant.
Ah! mon ami, j'ai vu les chambres, les salles, les écuries, les cuisines et la cave... Le Louvre est bien peu de chose auprès de ton château.

ESPÉRANCE.
Dis : notre château, car tu en auras ta part.

PONTIS.
Vrai? tu me prêteras des chevaux?

ESPÉRANCE.
Parbleu!

PONTIS.
Une chambre?

ESPÉRANCE.
Choisis.

PONTIS.
Quelques-uns de ces écus...

ESPÉRANCE, lui donnant la clé.
Puise!...

PONTIS.
Tu es un vrai seigneur, et Dieu a bien placé ses grâces.

CRILLON.
Bah!... je gage qu'il n'est pas content de Dieu.

ESPÉRANCE, allant à Crillon.
Monsieur...

PONTIS.
Avec ces trésors, avec ce vin!... avec ces femmes comme il en arrive déjà chez Zamet... Oh!... j'en ai vu de superbes. Et dire que toutes ces femmes-là, ces femmes de la cour, tu peux les épouser, si tu veux!

ESPÉRANCE.
Toutes!...

PONTIS.
On choisirait au besoin. Avec une figure comme la tienne, je ne voudrais pas en laisser respirer librement une seule... Je voudrais en voir des bataillons s'égorger tous les jours à ma porte. Tous les jours, festin, illuminations, mascarades. Tous les jours... Ah! dieux!... si je m'appelais Espérance, ma maison serait si amusante que, pour moi, la belle Gabrielle quitterait le roi de France.

ESPÉRANCE, vivement.
Malheureux! es-tu ivre?

PONTIS, stupéfait.
Moi!

CRILLON.
Eh bien, quoi donc? vous ne voulez pas qu'il plaisante?

ESPÉRANCE.
Les valets pouvaient l'entendre... Plaisante, Pontis... plaisante à ton aise!... (A lui-même.) Oh! c'est moi qui suis ivre, ivre de ce fatal amour!

GUGLIELMO, revenant.
Monseigneur est servi !

ESPÉRANCE.
Allons, à table !

CRILLON, à part.
Il me cache un secret que je saurai.

PONTIS.
A table! (Ils sortent.)

### SCÈNE IX.

GABRIELLE, GRATIENNE, elles descendent de chez Zamet. La nuit vient peu à peu.

GABRIELLE.
Le roi est ici !... c'est donc vrai !... Je l'ai vu; et cet inconnu qui m'a avertie, ce dénonciateur mystérieux avait raison ! Le roi me trompe !... Oh! Gratienne, ma vie est brisée, mon fils est orphelin !

GRATIENNE.
N'accusez pas le roi sans être sûre.

GABRIELLE.
N'as-tu pas entendu ce qu'a dit Zamet : — *Est-elle arrivée, elle ?*... Gratienne, c'est fini... je suis seule, emportée dans le tourbillon et la tempête. Mon père m'a maudite, — mes amis m'ont méprisée. Pour tenir ma promesse au roi, j'ai tout sacrifié, tout, jusqu'à mon cœur que je déchirais, tu le sais, Gratienne... Jusqu'à ce premier amour dont je me reprochais le souvenir innocent et pur. Tu as vu ce regard de ce malheureux quand nous nous rencontrâmes à la Porte-Neuve, ce regard qui m'accusait et me plaignait à la fois. — Où vas-tu, me disait-il, toi qui pourrais être si heureuse?... — Et je passai. Et il disparut pour jamais ! — Espérance, vous êtes bien vengé.

GRATIENNE.
Remettez-vous, calmez-vous... Pas d'imprudence, on vient de ce côté. (Elle désigne l'allée au fond du jardin.)

GABRIELLE.
Sois tranquille — mon parti est pris — ceux qui blessent un cœur comme le mien n'étaient pas dignes de le posséder... Henri se cache, Henri s'expose pour me tromper... demain il sera libre! Viens, Gratienne! viens. (Les sanglots l'étouffent, elle sort précipitamment. Les jardins commencent à s'illuminer.)

### SCÈNE X.

HENRIETTE, LÉONORA, puis quelques invités qui traversent le jardin.

LÉONORA, à elle-même.
C'est étrange, j'ai entendu comme un gémissement !

HENRIETTE, indiquant l'allée de droite.
Là-bas, ces ombres qui fuient...

LÉONORA.
Rien, rien; par ici je vous prie — il y a encore peu de monde dans les jardins... Rafraîchissez vos joues... (Henriette retire son masque.) Vous êtes fort belle !... Sur ce banc, voulez-vous ? c'est l'endroit où Zamet doit vous amener le roi. (Elles s'asseyent près de la brèche.)

HENRIETTE.
Ainsi le dernier horoscope est heureux ?

LÉONORA.
Admirable! toujours cette fortune, ce bonheur splendide ; et cependant je vois dans les astres quelques taches menaçantes.

HENRIETTE.
Des embûches peut-être, des haines...

LÉONORA.
Avez-vous des ennemis ?

HENRIETTE, vivement.
Non, non... aucun !...

LÉONORA, à part.
Cette âme est profonde, j'y veux lire ! (Haut.) Vous soupirez ? quand nous touchons à ce but glorieux !

HENRIETTE.
Léonora, cette entrevue furtive, cet amant déguisé qui se dérobe et vole une heure à ma rivale, ce prince qui va venir me parler tout bas, avec la peur du bruit que fera son souffle... est-ce aussi glorieux pour moi que tu le dis ?

LÉONORA, à part.
Orgueilleuse ! — bien ! (Haut.) Comptez sur votre beauté, sur sur votre génie; comptez sur les droits que vous saurez vous créer à son amour.

HENRIETTE.
Une autre avait ces droits quand elle a été remplacée par Gabrielle. Gabrielle les a, et tu dis que je vais la remplacer. Je les aurai aussi, moi, et pourtant on me remplacera.

LÉONORA.
Qui sait ?

HENRIETTE.
Une favorite, on la trompe, on la néglige, on la chasse... avec des apanages, des marquisats, mais on la chasse. Être chassée, ce n'est ni un bonheur, ni une fortune, ni une gloire. Ton horoscope est donc menteur, lui qui me promet tout cela. Cherche bien, il y a peut-être dans ma destinée la promesse d'un rôle au-dessus de la favorite.

LÉONORA.
Au-dessus de la favorite, je ne vois que la femme légitime, et le roi est marié.

HENRIETTE, vivement.
Oh! la reine Marguerite... vieille, dédaignée, ne saurait être un obstacle, vois-tu cet obstacle dans l'horoscope ?

LÉONORA, à part et se levant.
Cette jeune fille !... pour déraciner une fleur, ne vais-je pas planter un chêne ?

HENRIETTE, prêtant l'oreille.
Des pas dans l'escalier, entends-tu ?

LÉONORA.
Zamet !... qui sans doute précède le roi.

## SCÈNE XI.

### Les Mêmes, ZAMET.

ZAMET.
Le roi ne viendra pas!

HENRIETTE.
Mon Dieu!

LÉONORA.
Pourquoi?

ZAMET, à Henriette.
Je ne sais quel démon a prévenu votre famille, on vous cherche; on menace de faire scandale.

HENRIETTE.
Mais le roi?

ZAMET.
Le roi inquiet, soupçonnant un piége, vient de se retirer à la hâte, conduit par le maître de cette maison qui lui a promis secret et sûreté.

HENRIETTE.
Et moi, alors?

ZAMET.
Partez, mademoiselle, partez, je vais empêcher votre mère et votre frère de vous chercher de ce côté. (Il s'enfuit.)

HENRIETTE.
Que devenir?

LÉONORA.
Moi, je vais faire avancer votre litière à la petite porte de ce jardin. (Indiquant l'allée à droite.) Ne quittez pas cette allée obscure. Vous êtes seule, inconnue, masquée, rien à craindre... Une minute, je vole, et je reviens... (Elle part.)

HENRIETTE.
Quel est donc cet ennemi mortel qui se jette ainsi dans mon chemin?

## SCÈNE XII.

### HENRIETTE, LA RAMÉE.

LA RAMÉE, ôtant son masque.
C'est moi!

HENRIETTE, le reconnaissant.
Oh!

LA RAMÉE.
Moi, que vous croyez bien loin, et à qui vous ne pensiez guère, j'en suis sûr... Moi, qui ne manque jamais l'occasion de vous rendre service, vous le savez, Henriette, et je me flatte de vous rendre aujourd'hui le plus signalé de tous.

HENRIETTE, à part.
C'est lui qui m'a trahie!

LA RAMÉE.
Quoi! je m'exile! je soulève deux provinces, j'enfante une armée!... Quoi! pour vous, pour votre orgueil insatiable, je cherche à travers mille morts la renommée, la richesse, une couronne même, si vous la voulez, et tandis que je meurs à la tâche, vous allez mendier l'amour de mon ennemi!... Oh! mais je veille! Grâce à moi, celui que vous attendiez vous fuit, ceux que vous n'attendiez pas vous cherchent, et le marquise votre rivale, que j'ai amené ici pour surprendre le roi, saura bien vous empêcher de le lui voler.

HENRIETTE.
Vous me déshonorez, monsieur!

LA RAMÉE.
Je vous sauve l'honneur!... Au lieu de vous laisser devenir la maîtresse du roi, je viens vous chercher pour faire de vous ma femme!.. Un digne couple! Oh! c'est résolu... je vous attends.

HENRIETTE.
Voilà une infâme surprise!

LA RAMÉE.
Dites un infâme amour!... La haine se comprendrait mieux, n'est-ce pas?

HENRIETTE.
Ma mère me défendra!

LA RAMÉE.
Contre moi, allons donc! Pourquoi vous défendrait-elle? Pour vous réserver au roi?

HENRIETTE.
Encore un protecteur, j'imagine.

LA RAMÉE.
Lui, à qui tout à l'heure je n'ai rien voulu dire. Mais soyez tranquille, s'il le faut je le lui dirai!

HENRIETTE.
Vous oseriez!

LA RAMÉE.
Je lui raconterai ce que je sais, ce qu'il ignore! Il saura dans quel nuage de sang s'est exhalé votre premier baiser.

HENRIETTE.
Il saura que mon accusateur est un assassin!

LA RAMÉE.
Que m'importe de me perdre si je vous perds avec moi? Et quand j'aurai convaincu le roi, je parlerai à la cour, à la ville, j'apprendrai le nom d'Henriette à l'écho des places publiques, à l'écho des carrefours. Je ferai retentir de mes cris, de mes accusations, de mes blasphèmes tout l'espace infini qui s'étend de la terre au ciel!

HENRIETTE.
Et moi, je...

LA RAMÉE.
Vous me tuerez? non. Je vous connais et je suis sur mes gardes! Allons, vous dis-je, ma patience de cinq années est à bout. Je n'ai pas joué ma tête en venant ici, pour reculer devant vos menaces, même devant vos prières. Allons! flétrie, impossible pour tout autre que moi, rappelez-vous bien mes paroles: moi vivant, vous ne serez à personne, je le jure! Allons, madame, mes amis s'impatientent, venez!

HENRIETTE, à part.
Je suis perdue...

LA RAMÉE.
Ne cherchez pas, ne luttez pas, ne m'irritez pas!

HENRIETTE.
Eh bien! quand je devrais... (Tout à coup elle aperçoit sur l'escalier Léonora souriante et debout. Elle s'interrompt. Léonora lui fait signe de céder.) J'obéis... je cède, vous avez raison.

LA RAMÉE, défiant.
Qu'y-a-t-il?... que cherche-t-elle? (Il regarde autour de lui. Léonora se cache derrière les lierres.)

HENRIETTE, vivement.
Mon masque tombé près de ce banc. Vous ne voulez pas que chacun me reconnaisse. On vient. (Elle le ramasse.)

LA RAMÉE, écoutant.
C'est vrai!

LÉONORA, tandis qu'il écoute.
Allez sans crainte, vous n'irez pas loin.

HENRIETTE, à la Ramée.
C'est moi qui vous attends... partons! (Il lui prend la main. Ils partent.)

LÉONORA, les regardant.
Moi qui avais peur de cette femme... Elle me fait pitié, maintenant. (Au moment où, masqués l'un et l'autre, La Ramée et Henriette traversent le jardin, ils rencontrent Espérance. Tous deux s'arrêtent pétrifiés. Espérance, rêveur, ne les voit pas.)

## SCÈNE XIII.

### Les Mêmes, ESPÉRANCE.

ESPÉRANCE.
Qui m'eût dit qu'un jour j'aiderais le roi à tromper Gabrielle? (La Ramée et Henriette, revenus de leur effroi, continuent leur route. Des Gardes, commandés par Pontis, accourent et leur ferment le chemin; ils retournent et rencontrent Crillon.)

## SCÈNE XIV.

### Les Mêmes, CRILLON, PONTIS, ZAMET, Invités, Gardes portant des torches.

CRILLON, à La Ramée.
Un moment... Qui êtes-vous?

LA RAMÉE.
Oh!

CRILLON.
Qui êtes-vous?... Oui, le masque est sacré sur le visage d'un homme... mais doit-on le respecter s'il cache un traître, un meurtrier?...

LA RAMÉE.
Monsieur!

CRILLON.
Tout autre que vous se serait déjà fait voir!

LA RAMÉE, jetant son masque.
Eh bien! soit, c'est moi!

ESPÉRANCE.
La Ramée!

HENRIETTE, faisant un mouvement pour fuir.
Vous me perdez, moi qui vous ai suivi!

LA RAMÉE.
Vous êtes libre! (Henriette court se réfugier près de Léonora.)

PONTIS.
Et cette femme, qui est-elle? sa complice, peut-être? (Henriette éperdue recule.)

ESPÉRANCE.
Pontis! Pontis!

LA RAMÉE.
Allez-vous aussi démasquer une femme?

PONTIS, à Espérance.
Oh! ne la reconnais-tu pas?

ESPÉRANCE.
Elle est chez moi! Partez, madame.

LA RAMÉE.
Merci, monsieur.

LÉONORA, à Espérance.
Toujours bon! toujours généreux!

ESPÉRANCE.
Léonora! (Léonora entraîne Henriette, elles disparaissent.)

LA RAMÉE, à Henriette, de loin.
Adieu, Henriette! (Les gardes l'arrêtent.) Où me mène-t-on?

CRILLON.
Ce soir, au Châtelet. (Les gardes emmènent LA RAMÉE.) Demain, en Grève!

Oh!

ESPÉRANCE, avec un frisson.

PONTIS, montrant Henriette qui s'éloigne.
Ta générosité d'aujourd'hui te coûtera peut-être un jour la vie!

ESPÉRANCE.
Maudite soit cette maison, que j'étrenne par la trahison et le gibet!

### SIXIÈME TABLEAU

Une galerie vitrée chez Gabrielle.

### SCÈNE PREMIÈRE.

ROSNY, ZAMET, COURTISANS.

DAMES, GARDES et VALETS, dans la deuxième galerie. Sur le devant, de chaque côté, un groupe de courtisans.

ROSNY, aux valets.
J'attendrai le lever de madame la marquise.

ZAMET, à part.
Rosny, ici! — Est-ce un adversaire ou un allié? (A Rosny.) Voilà un événement grave, monsieur, une brouille entre le roi et madame de Monceaux.

ROSNY.
C'est votre bal qui vous vaut cela.

ZAMET.
Je n'y suis pour rien, ce n'est pas ma faute. D'ailleurs, cela se renouera; vous ne venez pas ici pour envenimer les choses.

ROSNY.
Le roi m'envoie pour les accommoder.

ZAMET.
Et vous êtes si éloquent...

ROSNY.
Voilà ce que je me demande. Conseillez-moi donc, monsieur Zamet. Faut-il être éloquent? est-ce bien l'intérêt du roi?

ZAMET.
Sa Majesté a tant de chagrin!...

ROSNY.
Le chagrin passe. Le profit dure.

ZAMET.
Le roi aime fort la marquise.

ROSNY, comme à lui-même, en passant devant Zamet.
Trop! Elle est bonne, il finira par s'attacher. J'aimerais mieux près de lui un de ces diables féminins assez charmant pour plaire vite, assez méchant pour être congédié plus vite encore. Il faut tôt ou tard que le roi se remarie, n'est-ce pas? Et si l'on cherchait bien en Europe, ne trouverait-on pas une princesse jeune, belle, riche? — Eh! mon Dieu! à Florence, sans aller plus loin.

ZAMET.
A Florence!

ROSNY.
Votre jeune duchesse, Marie de Médicis, une merveille, dit-on... N'avez-vous pas, chez vous, sa sœur de lait, Léonora, la devineresse?

ZAMET, à part.
Il sait tout.

ROSNY.
Ah! monsieur, celui qui aiderait à délivrer le roi honorablement, celui qui négocierait une bonne alliance, celui-là, le fit-on marquis, duc ou prince, ce qui ne manquerait pas d'arriver, celui-là, dis-je, ne serait pas payé en proportion de son service.

ZAMET, à part.
Voilà un mot bon à retenir.

ROSNY.
Madame la marquise!... (Il traverse la galerie pour aller à elle.)

ZAMET, à part.
Ce n'est pas lui qui l'empêchera de partir! (Il s'incline à l'entrée de la Marquise et se tient à l'écart.)

### SCÈNE II.

LES MÊMES, GABRIELLE, en habit de voyage.

GABRIELLE.
Bonjour, messieurs... Ah! monsieur de Rosny!

ROSNY.
Vous devinez le but de ma visite, madame, et aussi ma harangue?

GABRIELLE.
J'y réponds, je crois, avant de l'avoir entendue. Voyez: un habit de voyage, des mules qu'on attelle... je pars.

ROSNY.
Vous compromettez le repos du roi, son bonheur.

GABRIELLE.
Je les assure.

ROSNY.
Le coupable demande grâce, et vous refusez. Il vous accusera de rigueur.

GABRIELLE.
Est-ce moi que je venge? Est-ce lui seul que je punis? Voyez donc, monsieur, mes yeux brûlés par l'insomnie et les larmes. Ce n'est ni la vanité blessée, ni l'égoïsme, qui les fait jaillir, ces larmes douloureuses; j'ai de plus nobles sentiments, j'ai de plus graves soucis!... Ma conscience n'est plus tranquille!... Le roi m'avait confié son bonheur, il m'avait confié sa vie... Eh bien! forcé de se cacher, comme si je l'épiais, il sort furtivement du Louvre; il court seul, sans défense, dans ce sombre Paris, où conspirent tant d'ennemis acharnés, où s'agitent tant d'obscurs assassins. Sa vie en danger! par moi! parce qu'il a besoin de se dérober à ma surveillance! Cette vie précieuse mise à la merci du premier bandit, qui, pour arracher une bourse, ouvrira le cœur du roi, ce cœur par lequel respire toute la France!

ROSNY.
Il est vrai!... il est vrai!

GABRIELLE.
Tout, plutôt que cet affreux malheur!... Je me sépare du roi l'aimant d'une très-tendreamitié... Je la lui prouve, cette amitié, par ma résolution même. Ici, bien des gens lui reprochent ma présence et son esclavage... On l'obsède parce que je gêne!... Oh! monsieur de Rosny, vous qui êtes honnête homme, oseriez-vous me démentir?

ROSNY.
Ce n'est pas vous, madame, qui gênez, c'est...

GABRIELLE.
C'est la maîtresse du roi! Je n'ai pourtant pas été gênante, j'ai tenu bien peu de place à côté du trône!... Souhaitez que jamais une autre n'envahisse plus que moi!... Adieu, monsieur de Rosny; dites bien au roi que je le perds pour avoir été loyale amie. Il me remplacera, mais ne me retrouvera pas. Je fus douce au pauvre peuple, qui ne maudira pas ma mémoire... Adieu, je vous remercie de m'avoir assez estimée pour m'épargner d'hypocrites protestations!

ROSNY.
Ce n'est pas de l'estime, madame, c'est un respect profond que vous m'inspirez. (Il s'incline.) Pardonnez-moi!

GABRIELLE.
Oui, oui...

ROSNY.
Je vais donc rapporter à Sa Majesté que je n'ai pas réussi à vous retenir?

GABRIELLE.
Allez. Seulement ne vous vantez pas trop de la peine que vous vous êtes donnée... (Aux valets.) Mon carrosse.

ROSNY, à part.
Sa vengeance est douce comme elle. (Il s'incline et va pour sortir.)

ZAMET, à part.
Elle partira!

### SCÈNE III.

LES MÊMES, CRILLON, dans l'autre galerie.

CRILLON.
Eh! là! les mules, ne sonnez pas si haut, vous n'êtes pas encore parties!

ROSNY.
Monsieur de Crillon!

ZAMET, à part.
Diantre!

CRILLON, arrêtant Gabrielle.
Un instant, madame, j'ai aussi mon discours à faire. (A Rosny.) Cher monsieur, le roi vous attend avec impatience... vous lui

manquez... Prenez le galop... Allez, Zamet, allez, pendant ce temps-là je vais donner un nouvel assaut à madame. Allez donc, il se désole, allez donc, harnibieu!... (Aux valets.) Ça, qu'on ne nous dérange pas! (A Gabrielle.) Oui, il se désole, cela fend le cœur! et vous le souffririez?... Un roi de France avec les yeux rouges!...

GABRIELLE.
Voyez les miens!

CRILLON.
Bah! une femme!... Tout cela pour un lâche qui avait promis le secret au roi sur son escapade, et qui est venu vous dénoncer l'affaire... C'est comme cela que vous l'avez su, n'est-ce pas, hier soir, par un homme qui avait reconduit le roi?

GABRIELLE.
Qu'importe par qui et comment?

CRILLON.
Si j'étais à la place du roi... Enfin... Eh bien, toutes ces colères, tout cet esclandre, c'est donc parce que le roi a été au bal chez Zamet, parce qu'il vous a trompée? mais, madame, il vous a peut-être trompée trente fois... (Mouvement de Gabrielle.) Allons, bon! je dis de belles sottises! Mais non, il ne vous a jamais trompée... Harnibieu, quand votre fils sera grand, est-ce qu'il ne trompera pas les femmes? et vous rirez! Riez donc!

GABRIELLE.
Par grâce, n'insistez pas.

CRILLON.
Si c'est par amour-propre que vous partez, vous avez tort. On vous a priée, on vous prie. Prenez garde, vous finirez par exagérer. Quoi, ce cher sire a un enfant, un beau petit enfant tout frais baptisé. Il s'est déjà habitué à ses caresses, et vous lui ôteriez son petit compagnon! Harnibieu, c'est dur, c'est mal; ne faites pas cela, car je vous appellerais un méchant cœur.

GABRIELLE.
N'augmentez pas ma peine, cher monsieur de Crillon, vous savez bien qu'il ne me reste plus que mon enfant et Dieu.

CRILLON.
Et moi donc! Ça, j'ai promis au roi que vous ne partiriez pas... et quand je devrais coucher en travers la porte...

## SCÈNE IV.

Les Mêmes, PONTIS, dans la galerie.

PONTIS, retenu par les valets.
Je veux parler à monsieur de Crillon.

CRILLON.
Au diable l'animal!

PONTIS.
Dites que je suis un de ses gardes!

CRILLON.
Qu'est-ce que cela me fait?

PONTIS.
Que je m'appelle Pontis et que je viens pour un très-grand malheur.

CRILLON.
Il n'en fait jamais d'autres celui-là, son grand malheur attendra.

PONTIS, forçant l'entrée et sautant dans la chambre.
Dites qu'il s'agit d'Espérance!

GABRIELLE.
Espérance!

CRILLON.
Espérance!

PONTIS, à Crillon.
Monsieur, où est-il?

CRILLON.
Est-ce que je le sais?

PONTIS.
Comment, vous ne le savez pas! Mais ce matin des archers sont venus chez lui!...

CRILLON.
Pourquoi faire?

GABRIELLE.
Des archers?

PONTIS.
Oui, madame, au nom du roi!

CRILLON.
Eh bien, après?

PONTIS.
Après, ils l'ont emmené.

CRILLON.
Où?

PONTIS.
Puisque je vous le demande.

CRILLON, le secouant.
Mais tu t'es informé, aux voisins, aux gens!...

PONTIS.
Pardieu!

CRILLON.
A Zamet?

GABRIELLE.
A Zamet?

PONTIS, à Gabrielle.
Le voisin d'Espérance, rue de la Cerisaie.

GABRIELLE.
Rue de la Cerisaie? j'étais chez lui!

PONTIS.
Vous étiez...

CRILLON.
Ces archers, que lui voulaient-ils? qu'avait-il fait? qu'a-t-il vu de suspect? à qui a-t-il parlé dans la soirée?

PONTIS.
A un seul homme mystérieux que je l'ai vu reconduire à travers son jardin.

GABRIELLE.
Oh! je comprends!

CRILLON.
Quel est donc cet homme?

GABRIELLE, allant à Crillon.
Cet homme, c'est le roi!...

CRILLON.
Ah! mon Dieu!

GABRIELLE.
Le roi m'a demandé par qui j'avais été avertie, et comme je ne lui ai pas dit le nom du dénonciateur, comme je l'ignorais moi-même, comme il ne s'était confié qu'à une seule personne, il s'est cru trahi par le pauvre Espérance.

PONTIS.
Et dans sa colère il s'est vengé.

CRILLON.
Vengé sur Espérance! Espérance arrêté, soupçonné comme un lâche, comme un coquin! Qu'en a-t-on fait, harnibieu?

GABRIELLE.
Nous allons bien le savoir... Votre bras, chevalier!

CRILLON.
Où allons-nous?

GABRIELLE.
Chez le roi!...

PONTIS, s'élançant au dehors.
Je cours devant!

GABRIELLE, prenant sa mantille qu'un Page lui présente.
Vous m'avez persuadée... désormais je pardonne!... Partons.

CRILLON.
Bien, bien, à la bonne heure!

GABRIELLE.
Pauvre Espérance! Oh! c'est par moi qu'il souffre!... c'est par moi qu'il sera guéri!... (Elle sort vivement, accompagnée de Crillon, et suivie de ses Pages.)

## SEPTIÈME TABLEAU

Au Petit Châtelet.—Une belle chambre de prisonnier.—Porte à droite et à gauche dans les pans coupés. — A droite, en face, une fenêtre dans l'épaisseur du mur, avec barreaux. Cette fenêtre forme une sorte de cellule dans la chambre même.—Au-dessous de la fenêtre, sur le soubassement en pierre, on lit ces mots : VRBAIN DV JARDIN. — Un banc à l'angle de la fenêtre. — A gauche une table. — Escabeau.

### SCÈNE PREMIÈRE.

ESPÉRANCE, assis.
Prisonnier au nom du roi!... Qu'ai-je fait au roi? Je croyais lui avoir rendu service! (Il rêve.)

### SCÈNE II.

ESPÉRANCE, LE GOUVERNEUR, LE GUICHETIER.

LE GUICHETIER, désignant Espérance.
Tenez, monsieur le gouverneur, le voici!

LE GOUVERNEUR, le regardant, à part.
Une charmante figure... Que c'est beau la jeunesse!

LE GUICHETIER, à Espérance.
Monsieur le gouverneur! (Espérance se lève et salue.)

LE GOUVERNEUR.
Ne manquez-vous de rien? N'avez-vous pas de réclamations à faire?

ESPÉRANCE.
Des questions, peut-être.

LE GOUVERNEUR.
Je n'y pourrais pas répondre.

ESPÉRANCE.
Rien, alors, que des remercîments.

LE GOUVERNEUR.
On m'a rapporté votre soumission, votre politesse, votre douceur peu communes parmi les pensionnaires du Châtelet.

ESPÉRANCE.
Ah! je suis au Châtelet! (A part.) Comme la Ramée!

LE GOUVERNEUR.
Et j'ai voulu vous récompenser en vous donnant la meilleure chambre que j'aie.

ESPÉRANCE.
Vous êtes bien bon, monsieur!

LE GOUVERNEUR.
C'est ici que je renfermais mon fils par pénitence... quand j'avais un fils!... (Il l'ouvre.) Vous pourrez prendre l'air à cette fenêtre... Comme il faisait pendant les quelques heures de captivité que je lui faisais subir... Si j'avais su le perdre si jeune, je ne l'aurais jamais puni... Pauvre Urbain!

ESPÉRANCE.
Urbain! Vous dites, monsieur, qu'il est mort jeune?

LE GOUVERNEUR.
A dix-huit ans! d'un coup de mousquet... après la bataille d'Aumale.

ESPÉRANCE.
Urbain du Jardin, peut-être?

LE GOUVERNEUR.
L'avez-vous connu?

ESPÉRANCE.
Monsieur de Crillon m'en a parlé quelquefois.

LE GOUVERNEUR.
Il avait pris mon fils dans ses gardes... Il l'a vu mourir en soldat! J'en suis bien fier!... (Essuyant une larme.) Je ne le pleure pas!... Mais je vous quitte... il faut que je visite un autre prisonnier, plus à plaindre que vous... Un malheureux, rebelle par orgueil ou par fanatisme, et qui ne verra pas ce soir se coucher le soleil... Pauvre garçon! (Il se dirige vers la porte, tandis qu'Espérance s'approche de la fenêtre.) Ne regardez pas trop à cette fenêtre... là-bas est la Grève!

ESPÉRANCE.
La Ramée?...

LE GOUVERNEUR.
Oui... Vous serez bien traité ici, vous qui avez prononcé le nom de mon fils et celui de monsieur de Crillon... (Il sort avec le Guichetier.)

## SCÈNE III.

ESPÉRANCE, seul.

Urbain!... dont voici le nom sur ce mur!... moi dans sa chambre... et le meurtrier, face à face avec ce pauvre père, qui le plaint, qui la console peut-être! et touche une main rouge du sang de son fils... Oh! mais cette destinée m'enferme comme un cercle d'airain... Quelque effort que je fasse, toujours ce hideux contact... Qu'ai-je fait, pour que le roi me châtie avec cette rigueur? C'est Dieu qui me châtie peut-être... je m'étais bercé trop complaisamment dans ma prospérité..... Cette prospérité même est-elle légitime..... Si je ne devais ces richesses qu'à une supercherie, qu'à une imposture, qu'à un crime... j'ai une cruelle ennemie. On peut m'avoir tendu cette embûche... Imposteur, moi! aventurier, moi! Partout la raillerie, l'injure, le mépris... un homme se lève, et Gabrielle détournera la tête, et du haut de sa grandeur, du sein de sa beauté, laissera tomber la sentence infamante qui m'exclura pour jamais de son souvenir. Oh! le mépris de Gabrielle... plutôt la mort, plutôt cette mort effrayante qui attend là-bas l'assassin... Mon Dieu, mais c'est vrai ce que je viens de rêver là... (S'asseyant près de la fenêtre.) Imposteur! faussaire! voilà la cause de mon arrestation, voilà pourquoi Pontis, voilà pourquoi Crillon m'abandonnent! Sans cela ils ne me laisseraient pas souffrir. Ainsi personne ne m'aimait assez pour m'estimer un peu. Ainsi des pierres entassées suffisent à séparer un homme de tous ceux qu'il a connus, et pas un cœur n'aura eu la force de lancer un soupir, un reproche même qui franchisse ces murailles et parvienne jusqu'à mon cœur. (Il cache son visage dans ses mains. La porte s'ouvre.)

## SCÈNE IV.

ESPÉRANCE, GABRIELLE.

GABRIELLE, fait signe au Guichetier de s'éloigner.
Vous êtes libre, Espérance.

ESPÉRANCE, se levant en sursaut.
Plaît-il!... Gabrielle!... (Il recule éperdu.) Oh! madame, pardon!... vous, dans une prison!

GABRIELLE.
C'était mon devoir... je suis la cause involontaire d'une injustice, je n'ai pas voulu laisser à d'autres le plaisir de la réparer. Croyez bien, monsieur, que si le roi vous a soupçonné de l'avoir trahi, chez vous, hier, rien de ma part ne l'y autorisait... j'ignorais que vous fussiez établi dans cette maison rue de la Cerisaie, j'ignorais même votre retour à Paris; ce retour brusque, étrange, comme avait été le départ.

ESPÉRANCE.
Le roi me soupçonnait; mais, madame je ne puis comprendre.....

GABRIELLE.
Votre délicatesse est inutile... je sais tout. Le roi venait chez Zamet trouver une femme... j'étais chez vous, cachée, j'ai tout vu... mais voilà des paroles perdues, le temps passe, et M. de Crillon, qui m'a accompagnée, et qu'une affaire, je ne sais laquelle, a retenu chez le gouverneur, je crois... M. de Crillon va venir; je voudrais, avant son retour, avoir dissipé les derniers nuages causés par vos ennuis.

ESPÉRANCE.
Il ne me reste que de la joie, madame, que de l'orgueil.

GABRIELLE, se dirigeant vers la fenêtre.
Eh bien, vous êtes libre. Vous allez sortir de votre prison..... moi je vais rentrer dans la mienne.

ESPÉRANCE.
On n'est pas reine sans être un peu esclave.

GABRIELLE.
Reine, je ne le suis guère... esclave, c'est différent.

ESPÉRANCE.
Vous ne vous repentez pas, j'espère, vous êtes heureuse?

GABRIELLE, toujours à la fenêtre.
Oui... Vous avez, rue de la Cerisaie, une délicieuse habitation, monsieur Espérance.

ESPÉRANCE.
Vraiment, madame?

GABRIELLE.
Les jardins m'ont paru beaux...

ESPÉRANCE.
Très-beaux.

GABRIELLE.
Valent-ils celui des Franciscains?... Vous savez, avec ces lis qui semblent de grands cierges la nuit, avec ces roses qui embaument au soleil et ces œillets enivrants qui retombent dans les bordures de thym, où, vers midi, bourdonnaient tant d'abeilles; vous rappelez-vous ce beau jardin?

ESPÉRANCE.
Oui, madame.

GABRIELLE, rêveuse et marchant lentement.
J'oubliais ces grands orangers dans l'allée près de votre porte. — En passant on froissait les branches et il tombait une neige de fleurs. — Un soir, en rentrant dans ma chambre, j'en trouvai dans mes cheveux et sous mes dentelles, ce fut le soir où vous me rendîtes service. Vous étiez bien souffrant encore; je vous trouvai fort bon pour moi et très-délicat. (Espérance pâlit et se détourne, appuyé à l'angle de la croisée.) On était heureux dans ce temps-là!

ESPÉRANCE.
Ne l'êtes-vous plus? vous avez, dit-on, un fils, beau comme vous; que manque-t-il à votre bonheur?

GABRIELLE.
Vous me répétez cela trop souvent, vous savez pourtant que vous me faites mal.

ESPÉRANCE.
Moi!

GABRIELLE.
Vous savez bien que je ne suis pas heureuse; pourquoi dites-vous que je le suis?

ESPÉRANCE.
Vous toute-puissante, vous adorée!... Est-ce possible, madame?

GABRIELLE.
Moi! mais personne n'ose même faire cet effort de mentir poliment pour m'offrir un peu d'amitié. Vous qui parlez, vous m'aviez autrefois juré le vôtre et vous reprenez votre serment?

ESPÉRANCE.
Il est des serments qui engagent au delà de notre puissance; et l'homme est parfois une créature trop faible pour tenir ce qu'il a promis.

GABRIELLE.
Ainsi vous me verrez souffrir, et vous me fuirez, et vous ne me tendrez pas la main. Je vous croyais un cœur.

ESPÉRANCE.
J'en ai un, madame, que vos injustes reproches déchirent! Pourquoi vous verrais-je, à quoi puis-je vous servir? n'est-ce pas vous plutôt qui voulez que je souffre?

GABRIELLE.
Souffrir, de quoi?

ESPÉRANCE.
Par grâce, ne m'arrachez pas une parole de plus, vous voyez que je me contiens, vous voyez que je lutte... Vous le voyez.

GABRIELLE.
Comment voulez-vous que je le voie? Je viens, je parle, j'évoque mille souvenirs, vous m'observez froidement, le cœur fermé! (S'asseyant sur le banc.) Mais dites-les-moi, vos souffrances; vous vous défiez, c'est une injure; éprouvez d'abord mon amitié!

ESPÉRANCE.
Eh bien, vous saurez tout, puisque vous m'y forcez. Si je suis parti, brusquement, étrangement, comme vous dites, c'est que je vous avais vue allant au Louvre, après la prise de la Porte-Neuve, c'est que, déjà, je vous accusais de trahison et de mensonge, c'est que vous maudissiez de m'avoir promis l'amitié et... et de ne pas m'avoir donné l'amour. — Je sais bien qu'en parlant ainsi, je me sépare à tout jamais de vous; mais la destinée m'entraîne; ce que je vous dis, je ne le répéterai plus, mon cœur y perdra tout son sang et avec le sang la douleur s'échappe. — Oui, je suis parti malheureux, et plus malheureux je suis revenu. Si je vous eusse trouvée joyeuse, enivrée, sans mémoire, oh! je l'espérais, j'avais préparé à mon cœur la consolation de l'oubli, du mépris même. Vous voyez que je me perds tout à fait. Mais au lieu de cela vous m'apparaissez douce, tendre et bonne, je vous sais malheureuse. Tout en vous intéresse mon cœur et mon âme. Je sens que je vais vous aimer si follement que j'en perdrai le respect, comme j'en ai perdu le repos. Or, vous n'êtes pas libre, et vous aimez le roi, c'est donc pour moi deux fois la mort au bout de chaque pensée. (Gabrielle fait un mouvement.) J'ai fini, mon cœur est vide; encore une heure, et peut-être j'y sentirais entrer le désespoir... (Gabrielle détourne la tête.) Ne vous irritez, pas plaignez-moi, faites-moi la grâce de me laisser ensevelir ma folie dans un coin du monde où vous ne m'entendrez pas si je soupire, où vous ne sentirez pas si je vous aime!

GABRIELLE.
Vous m'aimiez, n'est-ce pas? l'an passé?

ESPÉRANCE.
Oui.

GABRIELLE, tombant assise sur le banc.
Je m'étais promise au roi.

ESPÉRANCE.
Est-ce que sans cela vous m'eussiez aimé?

GABRIELLE.
Oui!... Est-ce de l'amitié... Est-ce de l'amour, je n'y cherche pas de différence. Je ne savais pas même que je vous aimasse... Seulement, tout à l'heure, en vous voyant pâlir, je m'en suis aperçue.

ESPÉRANCE.
Quoi! vous m'avez entendu et vous ne me chassez pas?

GABRIELLE.
Pourquoi?... que vous m'aimiez à mille lieues ou ici, qu'importe!... C'est mon âme que vous aimez, puisque ma personne ne peut vous appartenir. Oh! rien ne vous empêchera d'aimer mon âme!... Je vous quittez pas, je n'ai plus d'amis, de soutien... Le roi! il me trompe, vous le savez mieux que personne. Sans une circonstance imprévue que je ne puis vous dire, j'allais me séparer à jamais de lui et m'ensevelir dans une retraite éternelle: voyez, maintenant, tout ce qui m'entoure; ambitieux que je renverse, ambitieux que je sers, femmes qui envient ma place... vous en connaissez... Ici des perfidies... là, des piéges... un jour le poignard, le poison... voilà ma vie, voilà ma mort! Et je n'aurais pas en vous l'ami qui me consolera, qui m'empêchera de désespérer à mon âge?... Je suis fière, je suis tendre; j'ai de la force pour aimer... n'êtes-vous pas de même et ne donnerons-nous pas à Dieu le spectacle de deux cœurs si chastement unis, si noblement dévoués qu'il ne puisse refuser à notre amitié sainte ses bénédictions et ses sourires? Oh! depuis quelques heures cette idée a grandi dans mon sein, elle m'a épurée comme une flamme, c'est une joie ineffable. Si vous saviez comme je vous aimerai! vous sentirez les rayons de cette tendresse qui vous ira chercher partout pour vous pénétrer comme un soleil vivifiant. (Se levant.) Songez que mon cœur déborde, que j'ai vingt ans et je mourrai jeune... Secourez-moi, Espérance, aimez-moi!

ESPÉRANCE.
Vous me demandez là toute ma vie.

GABRIELLE.
Toute.

ESPÉRANCE.
C'était ainsi qu'il fallait me parler pour être comprise. (Se relevant.) Je me donne à vous pour jamais; mon esprit, mon corps et mon âme... prenez... mais voici le marché, je fixe le salaire.

GABRIELLE.
Dites, dites!

ESPÉRANCE.
Vous me parlerez quand vous pourrez, vous me sourirez quand vous ne pourrez m'adresser une parole, et vous m'aimerez quand vous ne pourrez me sourire.

GABRIELLE.
Oh! que Dieu est bon de vous avoir créé pour moi! (Crillon entre avec le Guichetier.) Monsieur de Crillon, venez, venez. Voilà le prisonnier à qui sa liberté tourne un peu la tête, et qui serait tout à fait heureux s'il pouvait vous embrasser. Vraiment, c'est une belle chose que d'ouvrir les portes d'une prison. (Au Guichetier.) Voilà pour toi qui m'y as aidée. (Elle lui donne sa bourse.) Voilà pour les pauvres et les malades de cette maison. (Elle arrache son collier et ses bracelets qu'elle donne.) Jour de joie! jour de largesse! Adieu, chevalier, je vous laisse avec votre ami. (A Espérance.) Adieu!

ESPÉRANCE.
Merci à ma libératrice!

GABRIELLE.
A Espérance, merci! (Elle sort, puis se retourne sur le seuil, le regarde encore une fois, et part.)

## SCÈNE V.
### ESPÉRANCE, CRILLON.

CRILLON, pensif.
Voilà une femme aussi bonne que belle, aussi brave que bonne! Savez-vous que c'est bien courageux, la démarche qu'elle vient de faire?

ESPÉRANCE.
Elle aura vu combien vous me regrettiez. Elle a fait cet effort pour regagner vos bonnes grâces.

CRILLON.
Oui, oui, oui. Mais dites-moi, tenez-vous beaucoup à rester ici maintenant?

ESPÉRANCE.
Oh! non!

## SCÈNE VI.
### LES MÊMES, UN PÉNITENT.

LE PÉNITENT, à qui l'on désigne Espérance.
Avant de partir, remplissez un devoir de charité. Il y a là haut, au-dessus de vous, un condamné qui va mourir dans deux heures!

ESPÉRANCE.
La Ramée!

LE PÉNITENT.
Il m'a chargé de lui amener deux personnes, l'une pour lui dire un éternel adieu. Elle est là, qui attend. L'autre, c'est vous, qu'il veut prier de lui pardonner.

ESPÉRANCE.
Oh! Dieu m'est témoin que si je pouvais racheter sa vie!...

CRILLON.
Nous le savons si bien, on vous connaît tellement, que ce matin j'avais obtenu du roi le bannissement du coupable au lieu de sa mort!

ESPÉRANCE.
Eh bien, monsieur?

CRILLON.
Eh bien, non. Demandez au père à qui, tout à l'heure, j'annonçais cette bonne nouvelle... L'enragé refuse!

LE PÉNITENT.
L'exil, a-t-il répondu, le séparerait de ce qu'il aime. Il préfère la mort qui l'empêchera de souffrir.

ESPÉRANCE.
Je comprends!

CRILLON.
Eh bien, comme il voudra! qu'il meure, on lui pardonne.

ESPÉRANCE.
Oh! monsieur, je devine pourquoi il refuse! Monsieur, ne défaites pas ce qu'a fait si généreusement le roi! (Au Pénitent.) Tout ce que La Ramée n'accepte pas de vous, mon père, de moi il l'acceptera. Je sais ce qu'il faut lui dire! (A Crillon.) Voilà la première grâce que je vous demande, monsieur, ne me la refusez pas! un sursis! Prévenez le gouverneur des bonnes intentions du roi. Moi, pendant ce temps-là, j'aurai vu La Ramée, une heure pour le décider, monsieur, je ne demande qu'une heure. C'est moi qui suis cause de sa perte, c'est chez moi qu'on l'a pris! Monsieur, si vous me refusiez, j'en deviendrais fou de honte et de douleur.

LE PÉNITENT.
C'est bien, ce que vous faites là, mon frère.

ESPÉRANCE.
Par grâce, monsieur le chevalier !
CRILLON.
Soit ! vous aurez une heure !
ESPÉRANCE.
Et s'il accepte toutes les conditions, il est libre ?
CRILLON.
Un moment ! Il s'agit de la guerre civile ! Soumission absolue au roi ! Aveux complets ! Abandon de ses complices !
ESPÉRANCE.
Tout ! il signera tout ! il acceptera tout, en échange de ce que je vais lui offrir ! je m'y engage sur l'honneur !
CRILLON.
Je vais trouver le gouverneur. (Il sort.)
LE PÉNITENT, à Espérance.
Oh ! Dieu vous tiendra compte de vos bontés !
ESPÉRANCE.
Mon père, il y a là, m'avez-vous dit, une personne que La Ramée a appelée ?
LE PÉNITENT.
Oui.
ESPÉRANCE.
Une femme !
LE PÉNITENT, hésitant.
Oui.
ESPÉRANCE.
Qui n'est pas venue ici sans une longue résistance ; vous voyez que je la connais. Il faut que je parle d'abord à cette personne. Envoyez-la-moi, sans lui rien dire de ce que vous venez d'entendre, sans prononcer mon nom, surtout. Je l'attends, allez ! (Le Pénitent sort. — Au Guichetier.) Ecoute, toi. Monsieur de Pontis, un garde du roi, va venir me chercher à la geôle ; il monte peut-être en ce moment ; dis-lui de courir chez moi, de ramener des chevaux, de se munir d'argent, et qu'on m'attende là au coin du pont, sur la berge de la rivière. Quant à Pontis, il viendra me reprendre ici. Tu m'as bien compris, pars ! (Le Guichetier sort.)

### SCÈNE VII.
ESPÉRANCE, HENRIETTE.

HENRIETTE, à la porte de gauche.
Ici, dites-vous, mon père ? (Elle voit Espérance.) Monsieur...
ESPÉRANCE.
Mademoiselle, nous n'avons pas le temps de nous étonner. C'est bien moi. Il s'agit de monsieur La Ramée, vous savez que l'exécution aura lieu dans deux heures !
HENRIETTE.
Je suis venue pour obéir au dernier vœu d'un mourant.
ESPÉRANCE.
Ce mourant, vous pouvez lui sauver la vie.
HENRIETTE.
Moi !
ESPÉRANCE.
Un mot de vous, il vivra.
HENRIETTE.
Est-ce donc moi qui dispose de son sort. Vous savez bien que c'est le roi !
ESPÉRANCE.
Le roi fait grâce.
HENRIETTE, épouvantée.
Le roi...
ESPÉRANCE.
J'étais bien sûr de vous faire plaisir. Oui, le roi fait grâce, seulement ce malheureux refuse. S'il s'obstine, c'est fait de lui.
HENRIETTE.
Ah !...
ESPÉRANCE.
Il refuse parce qu'il vous aime si passionnément que la vie sans vous lui serait insupportable. Mais la vie avec vous !...
HENRIETTE.
Ah ! mon Dieu !
ESPÉRANCE.
Vous l'accompagnerez dans son exil.
HENRIETTE.
Moi !
ESPÉRANCE.
Vous l'accompagnerez, vous dis-je ! Assez de lâcheté comme cela, assez de sang sur lequel surnage votre ambition, lâche comme votre amour.
HENRIETTE.
Vous croyez que j'accepterai l'exil, l'ignominie, la mort !
ESPÉRANCE.
Oh ! c'est pour vous un châtiment effroyable, mais quand Dieu a résolu de se venger, il fait bien les choses ! Songez que c'est moi qui vous le demande, moi, l'une de vos victimes. (Elle fait un mouvement pour se retirer — L'arrêtant d'un geste) Sachez en quel endroit je vous le demande. C'est ici qu'a vécu dans son insoucieuse jeunesse un autre malheureux, mort pour vous et par vous. Voilà son nom écrit sur ce mur !
HENRIETTE, lisant le nom.
Urbain du Jardin !
ESPÉRANCE.
Parlez plus bas ! son père est là peut-être, et il vous entendrait.
HENRIETTE.
Son père ?
ESPÉRANCE.
Ce vieillard à cheveux blancs, le gouverneur de cette prison, celui qui croit Urbain mort sur un champ de bataille ; celui qui ferait crouler sur nous ces voûtes de pierre, s'il savait qu'elles abritent l'assassin de son fils.
HENRIETTE à elle-même.
Il ne le sait pas... ah !
ESPÉRANCE, indiquant la fenêtre.
Vous voyez cet angle noir, derrière le pont, sur la berge. Pontis y sera dans une heure avec des chevaux. Dans une heure aussi j'y aurai conduit La Ramée... Y serez-vous, madame, ou faudra-t-il que j'aille vous chercher jusque chez le roi ?
HENRIETTE, poursuivant une idée.
Le père d'Urbain gouverneur du Châtelet !... (A Espérance.) J'y serai.
ESPÉRANCE.
Bien ! j'entends les pas du prisonnier qu'on amène (Elle sort vivement.) A partir de ce moment, plus de haine. J'oublie tout le passé de cette femme, j'oublie et je lui rendrai la lettre qu'elle craint tant.

### SCÈNE VIII.
ESPÉRANCE, LE GUICHETIER, LA RAMÉE.

LA RAMÉE, humblement.
Monsieur, pardonnez à celui qui va mourir !
ESPÉRANCE, après avoir fait un signe au Guichetier qui se retire.
Je vous pardonne et vous vivrez.
LA RAMÉE.
Tandis qu'Henriette sera heureuse avec un autre, jamais !
ESPÉRANCE.
Henriette ne vous quittera plus.
LA RAMÉE.
Grand Dieu !
ESPÉRANCE.
Elle sort d'ici, j'ai tout arrêté avec elle.
LA RAMÉE.
Elle consent ?...
ESPÉRANCE.
A vous suivre.
LA RAMÉE.
Elle m'aime donc ?
ESPÉRANCE.
Du fond du cœur...
LA RAMÉE.
Mais, monsieur, c'est un dévouement sublime !
ESPÉRANCE.
C'est très-beau. Voici tout ce qu'il faut pour écrire. Vous allez remercier le roi des grâces qu'il vous fait, lui promettre soumission, obéissance, et briser les misérables instruments de vos rébellions.
LA RAMÉE.
Pour la liberté, pour la vie ! pour Henriette. (Tombant à genoux.) O le bon roi ! ô monsieur, à genoux, je vous demande grâce. On dit parfois que les anges du ciel ont pris la forme humaine pour sauver des malheureux, je le crois !
ESPÉRANCE, attendri, le relevant.
Ecrivez !
LA RAMÉE.
Oh ! que vous méritez bien le bonheur que Dieu vous donne ; que vous méritez bien la fortune ! la beauté ! l'amour !
ESPÉRANCE.
Que dites-vous ?
LA RAMÉE, lui baisant les mains.
Rien ! rien... soyez heureux ! dussé-je vivre un siècle, il ne se passera pas un jour, il ne se passera pas une heure sans que je prie pour vous et pour la femme qui vous aime.
ESPÉRANCE, surpris.
La femme qui m'aime...
LA RAMÉE, allant à la table.
J'écris, j'écris...
ESPÉRANCE.
Tout est convenu avec monsieur de Crillon... Vous remettrez cette déclaration entre les mains du gouverneur... Les portes sont ouvertes... vous partez !... Là sur le quai... Écoutez-moi

donc, là-bas, vous me verrez, vous verrez Henriette, là est la liberté, la vie... Tâchez d'y trouver le bonheur... Je pars ! vous me remercierez dehors... chaque minute en ce moment, malheureux, doit vous paraître plus longue que l'éternité ! Écrivez, écrivez ! (Il s'élance et disparaît.)

### SCÈNE IX.
LA RAMÉE, fou de joie, écrivant.

Voyons ! ne tremble, pas ma main ! ne bats pas si vite, mon cœur ! Qui donc disait qu'il y a des méchants sur la terre ?... Il n'y avait que moi... Oh ! je serai bon ! je serai bon ! (Il achève.) C'est écrit... (Il signe.)

### SCÈNE X.
LA RAMÉE, LE GOUVERNEUR, LE GUICHETIER, GARDES, PÉNITENTS.

LA RAMÉE, au Gouverneur, lui tendant sa déclaration.
Voici, monsieur, voici !
LE GOUVERNEUR, au Guichetier.
Qu'on ferme les portes ! qu'on double la garde ! que personne ne sorte du Châtelet, et ramenez ici sous mes yeux tous les étrangers qui s'y trouvent. (Sort le Guichetier.)
LA RAMÉE, à lui-même.
Qu'y a-t-il ?
LE GOUVERNEUR.
Vous appelez-vous bien la Ramée ?
LA RAMÉE, montrant sa déclaration.
Je l'ai signé ici.
LE GOUVERNEUR.
Êtes-vous bien l'homme qui, après la bataille d'Aumale, avez tué derrière une haie un cavalier sans défense. Répondez-donc ?
LA RAMÉE.
Monsieur, le roi m'a fait grâce, le roi ne me demande pas de comptes... Pourquoi m'interrogez-vous ?
LE GOUVERNEUR.
Le roi pardonne peut-être au rebelle, mais moi je ne pardonne pas au meurtrier.
LA RAMÉE.
De quel droit ?
LE GOUVERNEUR.
Je suis le baron du Jardin et vous avez assassiné mon fils ! La chambre s'emplit d'Archers, de Gardes.)
LA RAMÉE, après un long silence.
Oh ! le lâche qui m'a trahi !
LE GOUVERNEUR.
Voici l'heure ! (Aux Archers.) Je vous remets mon prisonnier.

### SCÈNE XI.
LES MÊMES, ESPÉRANCE, fendant la foule, puis HENRIETTE, ensuite PONTIS, ramenés par les archers.

ESPÉRANCE.
Eh bien ! quel est ce tumulte, pourquoi nous repousse-t-on ! qu'y a-t-il ?
LA RAMÉE.
Tu le demandes, toi qui m'as dénoncé à ce vieillard pour tromper la clémence royale. Mais sois maudit et que mon sang retombe sur ta tête !
ESPÉRANCE.
Moi, malheureux ?
LA RAMÉE. (Il aperçoit, pâle, tremblante, Henriette, se cachant derrière les soldats. Il l'attire à lui.)
Oh ! viens, toi qui me consacrais ta vie, viens, reçois ma bénédiction dans mon dernier adieu.
ESPÉRANCE, qui comprend.
Horreur ! c'est elle qui l'a vendu.
LA RAMÉE, à Henriette, bas.
Je te confie notre vengeance... ce matin, j'ai entendu là-haut, de mon cachot, deux voix qui montaient vers le ciel, deux voix enivrées qui se juraient un éternel amour. C'était la voix de Gabrielle, c'était la voix de ce misérable... Ils s'aiment ! Tu me vengeras, n'est-ce pas ? (Sur un geste du Gouverneur, le Chef des Gardes s'approche de La Ramée.)
LA RAMÉE, serrant une dernière fois la main d'Henriette.
Adieu !
HENRIETTE, à part, avec triomphe.
Ils s'aiment !
LA RAMÉE se courbe religieusement devant le Gouverneur, et, passant devant Espérance.
Adieu, lâche ; adieu traître !
PONTIS, bas, à Espérance.
Et tu ne réponds pas ! et tu ne dis pas la vérité à ce misérable !
ESPÉRANCE.
Silence ! il mourrait dans le désespoir ! Laisse-le m'insulter. Qu'il meure en paix !

## ACTE IV

#### HUITIÈME TABLEAU

Une maison de chasse dans la forêt de Fontainebleau.—Pavillon très-élégant.—Portes latérales.— Grande porte au fond. — A droite un escalier conduisant à l'intérieur. — A gauche large vitrail.

### SCÈNE PREMIÈRE.
PONTIS, VERNETEL, CASTILLON, PLUSIEURS JEUNES GARDES, GUGLIELMO. (Ils sortent de table et boivent encore.)

PONTIS.
Vous voyez, messieurs, que pour des gens qui tombent à l'improviste dans une maison déserte, au fond des bois, à quinze lieues de Paris, nous avons déjeuné passablement !
TOUS.
Mais oui, très-bien !
PONTIS.
C'est ici une de nos maisons de chasse à nous deux Espérance. Nous en avons quatre comme celle-là !
TOUS.
Vraiment ?
VERNETEL.
Eh bien ! à la santé du seigneur Espérance, l'ami de notre ami !
TOUS.
C'est cela, à la santé d'Espérance !
CASTILLON.
A celle de Pontis, ami de son ami !
TOUS.
A la santé de Pontis !
PONTIS, légèrement ivre.
Attendez ! attendez ! puisque vous voulez porter des santés, faisons les choses comme il faut. Je propose d'abord...
VERNETEL.
Celle du roi !
PONTIS.
Cela va sans dire... Je propose...
CASTILLON.
Celle de la nouvelle duchesse de Beaufort, qui, marquise ou duchesse, est toujours la Belle Gabrielle !
TOUS.
Oui, oui, à la santé de la duchesse !
PONTIS.
Sans doute, cette santé-là me convient, mais...
VERNETEL.
Mais Pontis veut dire qu'il y a un nouvel astre à la cour, mademoiselle Henriette d'Entragues.
PONTIS.
Un astre ? Allons donc !
CASTILLON.
Eh ! eh ! elle fait de grands progrès... Elle monte... elle finira par éclipser sa rivale.
PONTIS.
Quelle plaisanterie !
CASTILLON.
Le roi n'en est pas amoureux peut-être ?
PONTIS.
Qu'est-ce que cela prouve ?
CASTILLON.
Cela prouve... qu'il est amoureux. (On rit.)
PONTIS.
Jamais !
CASTILLON.
Et pourquoi ?
PONTIS.
Parce que je ne veux pas.
TOUS.
Ah ! ah ! ah ! Pontis qui ne veut pas.
CASTILLON.
Cependant, Pontis, mademoiselle d'Entragues, ma parente, ne manque ni de beauté, ni d'esprit, ni de vertu.
PONTIS, riant et s'asseyant.
De vertu !... Si c'est à sa vertu que le roi en veut, qu'il s'adresse à moi, je lui en donnerai des nouvelles ! (On rit.)
CASTILLON, se fâchant.
Pontis, il faut prouver !...
PONTIS.
Comme tu voudras !
CASTILLON.
Explique-toi.
PONTIS.
Très-bien ! (Ils courent à leurs épées.)

## SCÈNE II.

### LES MÊMES, ESPÉRANCE.

ESPÉRANCE, qui écoute depuis longtemps.

Ah! messieurs, si vous ne respectez pas les dames, respectez au moins ma maison!

PONTIS.

Espérance!

TOUS, s'inclinant.

Monsieur!...

ESPÉRANCE, à part.

Il est temps d'en finir.

PONTIS.

Ce n'est rien, vois-tu, ce n'est rien, nous déjeunions avant la chasse, et en déjeunant...

ESPÉRANCE.

On boit... A Dieu ne plaise, messieurs, que je trouble vos plaisirs... Votre repas se prolonge-t-il?

PONTIS.

C'était fini, nous partions.

TOUS.

Oui, nous partions.

ESPÉRANCE.

Vous aurez beau temps... Que je ne vous retienne pas. (A Pontis.) J'ai à te parler, Pontis.

PONTIS.

Ah!... Eh bien! allez devant, camarades.

ESPÉRANCE.

Bonne chasse... Au revoir, messieurs! (Les amis de Pontis sortent.)

## SCÈNE III.

### ESPÉRANCE, PONTIS.

PONTIS, à part.

On dirait qu'il boude!... (Haut.) Que me veux-tu?

ESPÉRANCE.

Un seul mot... Tu m'as demandé ma maison de Paris...

PONTIS.

Et tu me l'as prêtée, merci... Est-ce que cela te gêne?

ESPÉRANCE.

Pas du tout... C'était pour y recevoir une femme, n'est-ce pas?

PONTIS.

Oui.

ESPÉRANCE.

Quelle femme?

PONTIS.

Charmante, je te conterai cela quelque jour. (Fausse sortie.)

ESPÉRANCE, le retenant.

Nous n'aurons jamais une plus belle occasion, parle.

PONTIS.

Mon ami, c'est une indienne, une indienne qui s'est enfuie des bords du Gange.

ESPÉRANCE.

Pourquoi faire?

PONTIS, mystérieusement.

Entre nous, je crois qu'on voulait la forcer à se brûler sur le tombeau de son mari.

ESPÉRANCE.

Vraiment! Est-ce qu'elle parle français?

PONTIS.

Pas un mot.

ESPÉRANCE.

Ah! tu parles indien, alors?

PONTIS.

Moi, par exemple!

ESPÉRANCE.

Comment faites-vous pour vous comprendre?

PONTIS.

Oh! c'est très-facile. Pour dire : O bonheur! vous m'aimez, on fait... (Il exprime la phrase par une pantomime bouffonne.)

ESPÉRANCE, l'arrêtant.

Oui, oui.

PONTIS.

Tous les sentiments, mon cher, toutes les idées les plus compliquées se traduisent par la pantomime... Tiens, un exemple. Elle est jalouse.

ESPÉRANCE.

Ah!

PONTIS.

Oui. Toutes les Indiennes sont un peu comme cela. Eh bien! hier soir... j'avoue que je voulais l'embrasser...

ESPÉRANCE.

Va, va.

PONTIS.

Elle se défendait comme un petit lion, et m'égratignait la poitrine. Tout à coup, elle aperçoit là, sous mon pourpoint, la boîte d'or du reliquaire... Tu sais?...

ESPÉRANCE, sérieux.

Je sais.

PONTIS.

Qu'est-ce que cela? dit-elle, par gestes... Un portrait? un souvenir de femme? il me le faut!

ESPÉRANCE.

Ah!

PONTIS.

Et en disant cela, crac! elle s'en empare...

ESPÉRANCE, vivement.

Elle s'en empare!

PONTIS.

Oh! mais un moment. Bataille!... Je reprends l'objet... elle lutte... le sang coule de mes doigts.

ESPÉRANCE.

Et à qui est restée la victoire?

PONTIS.

C'est sans doute pour plaisanter, hein? que tu me demandes cela?

ESPÉRANCE.

Mais non, je ne plaisante pas!

PONTIS.

Ma chère Ayoubani, lui ai-je dit.... elle s'appelle Ayoubani... si vous, toucher encore à ceci, moi taper sur les petites griffes à vous... J'ai tapé, et le reliquaire est revenu là!

ESPÉRANCE, froidement.

Pontis, rends-le moi.

PONTIS.

Plaît-il?

ESPÉRANCE.

Rends-moi ce billet, te dis-je. Il n'est plus en sûreté dans tes mains...

PONTIS.

Tu te défies de moi?

ESPÉRANCE.

Parfaitement. L'homme qui appartient tantôt à une femme, tantôt à une bouteille, ne s'appartient plus à lui-même.

PONTIS.

Tu m'offenses!

ESPÉRANCE.

Je t'avertis. Tout à l'heure, ici, tu révélais, dans l'ivresse, un secret qui n'est pas le tien. Tu dénonçais le passé de mademoiselle d'Entragues à des gens qui se vanteront à elle de l'avoir défendue contre toi.

PONTIS.

Espérance!

ESPÉRANCE.

Et hier, aux bras d'une femme qui est indienne comme je suis indien, aux bras d'un espion envoyé par mes ennemis pour te reprendre cette lettre, ivre encore d'amour ou de vin, tu as failli te la laisser prendre... Tu te la laisseras prendre demain... Rends-la-moi!

PONTIS.

Tu m'insultes tout à fait!

ESPÉRANCE.

Je ne t'insulte pas! S'il ne s'agissait que de moi, je me sacrifierais plutôt que de t'affliger, mais je défends des intérêts si chers, que toute faiblesse de ma part serait un crime. Voyons, Pontis, rends-moi ce reliquaire! (Entre Guglielmo.)

PONTIS.

Vous le voulez?

ESPÉRANCE.

Donne!

PONTIS.

Songez que s'il sort une fois de mes mains, vous m'aurez fait une telle injure qu'entre nous toute amitié sera impossible.

ESPÉRANCE.

Tu es fou!

PONTIS.

Vous voulez dire que je suis ivre...

ESPÉRANCE.

Trop de fois déjà je t'ai reproché de l'être.

PONTIS, furieux.

Et moi je vous reproche d'être un orgueilleux et un ingrat; vous m'avez accusé de trahison tout à l'heure, je vous somme de me faire raison! (Il tire son épée.)

Il ne vous manquait plus que de me provoquer comme un pilier de coupe-gorge. Allons! frappez! étendez-moi sur la place pour me prouver que vous êtes un fidèle ami.

PONTIS, dégrisé, honteux, jette son épée, puis il fouille sa poitrine avec rage et y prend le reliquaire.

Monsieur, voici ce que vous me demandez. (Il le donne.) C'est fini entre nous. Adieu!

ESPÉRANCE.

Pontis!

PONTIS, tremblant, ému.

Vous vous êtes défié de moi, de moi qui vous aimais! vous ne me reverrez plus... adieu! (Il s'enfuit par la porte du fond.)

## SCÈNE IV.
### ESPÉRANCE, GUGLIELMO.

ESPÉRANCE, ramassant l'épée.

Pauvre ami!... oh! je guérirai cette blessure... mais céder aujourd'hui, c'eût été tenter Dieu qui m'a sauvé miraculeusement de l'Indienne et des Entragues. (A Guglielmo.) Cette Indienne, c'était bien Léonora, n'est-ce pas, tu l'as reconnue?

GUGLIELMO.

Oui, monseigneur, c'était elle!

ESPÉRANCE, à part.

Mystérieuse figure! Je sens qu'elle ne me hait pas et je la trouve toujours avec mes ennemis. (Haut.) Ai-je été suivi hier?

GUGLIELMO.

Comme à l'ordinaire.

ESPÉRANCE.

Par qui?

GUGLIELMO.

Par Concino, le fiancé de la Florentine.

ESPÉRANCE.

Ah!... et ce matin, en venant ici, n'y avait-il pas encore un homme derrière moi?...

GUGLIELMO, embarrassé.

Peut-être bien, monseigneur.

ESPÉRANCE.

Si c'est toujours Concino, je ne lui donne pas un mois pour être changé en squelette. (A lui-même.) Comme j'ai rendez-vous avec Gabrielle aux bains de Diane, à l'autre bout de la forêt, dans deux heures seulement, j'ai le temps de dépister vingt espions. (Haut.) As-tu un bon cheval ici.

GUGLIELMO.

Neptune.

ESPÉRANCE.

Je suis tranquille. — Va explorer avec soin les environs, bon Guglielmo... et selle Neptune toi-même, va!

GUGLIELMO.

Monseigneur va sortir seul?...

ESPÉRANCE.

Pardieu!

GUGLIELMO.

Oserai-je dire que c'est imprudent, que tôt ou tard il pourrait arriver malheur?

ESPÉRANCE.

Sois tranquille. Toutes ces petites intrigues sont des caprices éclos et fanés dans les vingt-quatre heures. Cela me divertit et n'a d'importance pour personne. — Je l'attends, va, va.

GUGLIELMO.

Oui, monseigneur. (A lui-même.) J'ai bien fait de prévenir monsieur de Crillon. (Il sort par la petite porte de gauche.)

## SCÈNE V.
### ESPÉRANCE, seul.

Depuis six mois, la guerre que me font ces misérables a été pour moi sans dangers. — Ils tendaient chaque soir leur piége pour y prendre des amants heureux; moi, heureux d'un sourire, d'un regard, d'un adieu bien tranquille, j'allais le front haut. Nos ennemis me faisaient pitié. Mais aujourd'hui, Gabrielle m'a appelé. Elle m'attend! Elle a compté peut-être ces longues heures perdues dans notre vie, et tant de souffrances muettes qu'une minute suffirait à payer. Elle m'attend! O mon Dieu, fais qu'à partir de ce soir, mon cœur connaisse la crainte, fais que demain je tremble en étouffant un secret dans mon sein!

## SCÈNE VI.
### ESPÉRANCE, GABRIELLE.

GABRIELLE, à la porte du fond.

Espérance!

ESPÉRANCE.

Vous, mon âme, ma vie!

GABRIELLE.

Le roi m'a fait dire d'attendre chez moi, aujourd'hui, une visite importante, et comme je n'aurais pas eu le temps d'aller aux bains de Diane, comme je ne vous aurais pas vu, j'accours ici par le chemin que vous auriez suivi.

ESPÉRANCE.

Chère Gabrielle! Que de bontés! Mais êtes-vous seule?

GABRIELLE.

Oui.

ESPÉRANCE.

Pour plus de sûreté, fermons!... (Il ferme les portes.) Oh! vous changez cette masure en un paradis! (Gabrielle, absorbée, baisse la tête.) Qu'avez-vous? Ce n'est pas là une émotion de joie... on dirait que vous avez pleuré!

GABRIELLE.

Mais....

ESPÉRANCE.

Vous pleurez encore! Oh, moi qui venais le sourire aux lèvres, un chant joyeux dans le cœur... Vous pleurez!

GABRIELLE.

Ce sont des larmes de faiblesse... je suis lâche, je suis folle, car j'apporte une bonne nouvelle, mon Espérance aimé.

ESPÉRANCE.

Une bonne nouvelle!

GABRIELLE.

Je vais être libre, je vais être toute à vous!

ESPÉRANCE, transporté.

Dites-vous une chose vraie? une chose possible! (Il la regarde. Il s'assombrit.) Insensé que je suis de me prendre à des paroles que dément ce visage désespéré!... Ah! Gabrielle, rassurez-moi bien vite! Il n'est pas de malheur que je ne redoute à la place de cette bonne nouvelle que vous m'annoncez en sanglotant.

GABRIELLE.

Cette liberté bienheureuse me coûtera peut-être quelques sacrifices... quelque effort... C'est un grand événement, Espérance, j'en suis encore un peu troublée. Mais soyez indulgent, écoutez-moi.

ESPÉRANCE.

Oh! j'écoute!

GABRIELLE.

Hier au soir, le roi est venu chez moi, je ne l'attendais pas... Il était seul, recueilli... je fus troublée à sa vue. J'ai toujours une conscience qui murmure et je connais la rage de mes ennemis. Le roi me pria de le suivre dans les parterres. Mon cœur battait violemment, je l'avoue. (Elle se lève.) « Gabrielle, me » dit-il, je vous ai causé souvent du chagrin, vous ne m'avez » donné que joies et consolations; patiente quand je vous of» fensais, quand d'autres vous offensaient aussi; vous méri» tez de ne plus souffrir ni par moi, ni par les autres. Je » veux vous mettre au-dessus de toute inimitié, au-dessus » même de mes caprices et de mes erreurs... Vous allez deve» nir ma femme!... » (Espérance pâlit et fait un mouvement.) Oh! vous frissonnez!

ESPÉRANCE.

Non, non... j'admire. Seulement si c'est là cette liberté que vous m'annonciez tout à l'heure...

GABRIELLE.

Oh! mon ami, vous devinez bien que je n'ai pas accepté un honneur que je ne mérite pas; car cette générosité du roi n'a pu réchauffer mon cœur, car je n'ai pour lui que de l'amitié, tandis que mon amour est tout à vous!

ESPÉRANCE.

Permettez... le roi ne cherchait-il pas à vous éprouver? Pour qu'il se marie, il faut que son divorce soit accepté à Rome.

GABRIELLE.

Il attendait, m'a-t-il dit, la réponse du Saint-Père. Ah! mais ce sera un refus. D'ailleurs, je n'ai pas consenti, vous non plus, je suppose.

ESPÉRANCE.

Bonne Gabrielle!... je devrais être joyeux et triomphant, n'est-ce pas, car vous faites là un immense sacrifice, mais je ne veux pas l'accepter.

GABRIELLE.

Vous voulez que j'épouse le roi?

ESPÉRANCE.

Oui.

GABRIELLE.

C'est notre séparation éternelle!

ESPÉRANCE.

Oui.

GABRIELLE.

Fière de rester innocente et pure, la maîtresse du roi a pu jeter les yeux sur un homme digne d'être aimé. Elle a pu permettre à cet amour d'envahir toute sa pensée, toute sa vie. — Mais la femme du roi! mais la reine! Oh! Espérance! la reine ne pourrait plus aimer, même dans l'ombre la plus profonde de son cœur!

ESPÉRANCE.

C'est vrai!

GABRIELLE.

Voilà bien pourquoi je ne veux pas d'une couronne, et pourquoi tout à l'heure je vous annonçais ma liberté.

ESPÉRANCE.

Il faut être reine, madame, votre honneur en dépend, la

mien aussi! Votre fils l'exige, lui qui un jour pourrait vous demander compte du rang que lui ferait perdre votre fausse générosité. Priverez-vous ce fils d'un si illustre père! Oh! vous ne savez pas ce que souffrent les enfants qui ne trouvent pas l'honneur dans leur berceau. Je le sais, moi! Ma mère, du fond de son tombeau, me jette en vain des trésors. J'aimerais mieux un seul de ses sourires. Son baiser ne m'a pas béni, voilà pourquoi rien ne me réussira jamais en ce monde.

GABRIELLE.

Espérance!

ESPÉRANCE.

Si j'acceptais votre sacrifice, si je vous condamnais à vivre humiliée, ensevelie, quand Dieu ne vous a créée si belle et si parfaite que pour vous asseoir sur un trône, oh! je ne serais plus l'homme que vous avez aimé, je tomberais au-dessous de moi-même, et dans la retraite avilie où j'oserais cacher cette reine, je mourrais de honte, comme un larron meurt de faim sur les joyaux d'une couronne volée. — Soyez reine, Gabrielle, et ne repoussez pas mon souvenir, car c'est moi qui vous aurai conduite à ce trône. C'est moi qui vous aurai conservé votre fils, et chaque fois que vous verrez cet enfant embrasser son père, vous serez fière de m'avoir aimé, vous aurez le droit de me regretter et de m'aimer toujours.

GABRIELLE.

Espérance! oh! si j'eusse été meilleure pour vous, plus courageuse, moins égoïste, si j'eusse, en me donnant à vous, consacré entre nous un lien éternel, vous ne me diriez pas aujourd'hui : Séparons-nous!.. C'est impossible, Espérance, vous m'accuseriez, vous me maudiriez, vous ne m'aimeriez plus. Pas de respect, pas de trône, pas d'honneur s'il le faut, mais votre amour! votre amour!

ESPÉRANCE.

Gabrielle! tant que mon cœur battra! tant que mes yeux verront la lumière, je vous aimerai. Cet amour est ma vie. C'est mon sang, c'est mon âme. Mais je vous le demande à mains ointes, séparons-nous. (Un cri traverse l'espace.)

GABRIELLE.

Écoutez!

Un cri!

ESPÉRANCE.

GABRIELLE.

La voix de Gratienne!

ESPÉRANCE.

Oh! mon Dieu!
(Il y va courir. Grand bruit à la porte de gauche. Il s'élance sur l'épée qu'il a ramassée.)

GABRIELLE, l'arrêtant.

Je vous en supplie. (La porte craque et cède avec fracas.)

### SCÈNE VII.

LES MÊMES, CRILLON, se précipitant dans la maison.

CRILLON.

Êtes-vous aveugles, malheureux! n'entendez-vous pas? on vient vous surprendre! Oh! ces portes fermées, ouvrez! ouvrez donc! éventrez donc ces murailles. (Espérance court ouvrir la porte du fond. Crillon lui-même arrache plutôt qu'il n'ouvre une fenêtre.) Madame, décachetez ce paquet. (A Espérance.) Vous là-haut! s'il en est temps encore! (A Gabrielle qui est restée immobile de terreur.) Mais asseyez-vous donc, madame, lisez donc! (Il lui remet les dépêches ouvertes dans la main. Lui-même se découvre précipitamment et se place debout devant elle, le dos tourné à la grande porte.)

### SCÈNE VIII.

LES MÊMES, ROSNY, HENRIETTE, par le fond, ZAMET, COURTISANS, par une porte latérale.

HENRIETTE, à Rosny.

Monsieur, j'affirme que madame la duchesse est entrée ici!

ZAMET, à part. A la porte à gauche.

Les portes ouvertes, mauvais signe!

HENRIETTE, désignant Gabrielle à Rosny.

Tenez la voici, en agréable compagnie, je pense.

CRILLON, froidement, se retournant.

Merci!

HENRIETTE.

Monsieur de Crillon!

ROSNY.

Monsieur de Crillon, ici! (A Zamet.) Est-ce là ce que vous disiez?

HENRIETTE, à part.

On m'a trahie!

GABRIELLE.

Voilà une brusque visite, messieurs!

ROSNY.

Celle de monsieur le chevalier a été plus mystérieuse?...

CRILLON, allant à lui.

Moi, je viens de la part du roi, et vous?

ROSNY.

De la part du roi?

ZAMET et HENRIETTE, à part.

De la part du roi!...

CRILLON.

Sans doute. Sa Majesté m'ordonne d'entretenir madame d'une affaire importante, secrète... Madame prétexte une promenade, je choisis pour lieu de rendez-vous ce pavillon isolé, désert, que je croyais à l'abri de toute indiscrétion.

ROSNY.

Vous aviez rendez-vous avec madame?...

CRILLON.

Ne le voyez-vous pas? Et vous fondez sur nous comme un escadron qui charge! Si c'est ainsi qu'on respecte les secrets du roi...

HENRIETTE, à part.

Les secrets du roi!

ROSNY.

J'ignorais que le roi eût des secrets pour son serviteur.

CRILLON.

Il sait votre répugnance à le servir près de certaines personnes, et ce n'est pas vous qu'il pouvait choisir pour apporter à madame la duchesse la dépêche que j'ai remise entre ses mains.

ROSNY, apercevant le sceau.

La réponse de Rome!... un consentement peut-être?

CRILLON.

C'est possible. (Il s'incline, revient se placer à la droite de Gabrielle.)

HENRIETTE, atterrée.

Un consentement!

ROSNY, à la Duchesse.

Madame, excusez-moi... Je venais ici croyant rendre service à mon maître... On m'a trompé. (Regardant Zamet.) Mais ceux qui ont fait de moi un curieux ridicule, ceux-là pourront bien s'en repentir!...

ZAMET, à part.

Me voilà bien!

HENRIETTE, qui est accourue près de Zamet.

Expliquez donc la vérité.

ZAMET.

Un démenti au brave Crillon!

CRILLON, bas, à la Duchesse.

Ne restez pas ici. (Haut.) Madame, mon message est rempli, je n'ai plus qu'à prendre congé de vous.

GABRIELLE.

Merci!... (A Rosny, qui s'incline devant elle, et qui se dirige vers la porte.) Veuillez m'attendre, monsieur de Rosny, peut-être aurons-nous à causer en route.

ROSNY.

J'en ai hâte, madame!

ZAMET, à Henriette.

Nous sommes battus!

HENRIETTE.

La victoire d'aujourd'hui leur coûtera cher!

GABRIELLE.

Oh! Espérance! Espérance! (Tous sortent.)

### SCÈNE IX.

CRILLON, ESPÉRANCE.

ESPÉRANCE, abattu, paraît au haut de l'escalier, Crillon marche à grands pas.

Ah! monsieur!

CRILLON.

Je vois que vous comprenez!... Depuis longtemps je veillais. J'ai pu vous sauver aujourd'hui par miracle, mais une autre fois le mal serait sans remède. Qu'avez-vous décidé?

ESPÉRANCE.

Avant votre arrivée, j'avais dit à la duchesse un éternel adieu!

CRILLON.

Bien!... Mais tiendrez-vous cette belle résolution? La tiendra-t-elle?

ESPÉRANCE.

Ne l'accusez pas, au moins! Elle! la plus généreuse, la plus pure des femmes... Oh! monsieur, si vous la soupçonniez, je me tuerais!

CRILLON.

Je connais son âme et la vôtre, voilà pourquoi je trouve le danger si terrible! Cette femme, mon enfant, elle est au roi!... Je ne puis être pour vous contre mon maître! Il m'a ouvert son cœur,... C'est moi qui l'ai encouragé à épouser la duchesse... Je vous torture, mais il le faut! Du courage! tout n'est pas perdu pour vos vingt ans, pour cette vivace jeunesse. La vie recommencera pour vous!

ESPÉRANCE.
Oh! monsieur, faites-moi du moins cette grâce de croire que je ne me consolerai jamais! Non! non! l'on ne retrouve pas un pareil amour. (Vaincu par la douleur.) Vous voulez bien, n'est-ce pas, que ce misérable cœur éclate enfin devant vous? Me voilà frappé dans ma vie... Seigneur! je n'ai plus de force, je sens que l'âme m'échappe! Il y a si longtemps que je vivais par cette fibre qui vient de se rompre! Je l'aimais déjà quand je suis parti!... Ne me consolez pas, c'est inutile. Comment aurais-je du chagrin? Où trouverais-je une larme?... je suis mort!

CRILLON, attendri.
Enfant!... Eh bien! cher enfant, il faut quitter Paris, le temps presse!

ESPÉRANCE.
Et je n'avais plus que vous, et je vous perdrai!

CRILLON.
Jamais vous n'aurez été plus près de moi... Je partirai avec vous.

ESPÉRANCE.
Vous, monsieur?

CRILLON.
Je vieillis... La paix est faite... Le roi n'a plus besoin de moi dans la prospérité!... M'acceptez-vous pour compagnon?

ESPÉRANCE, surpris.
Mais, seigneur, les plus illustres destinées vous attendent, vous n'êtes pas à la moitié de votre carrière d'honneurs... d'où vient que vous me feriez un pareil sacrifice! qu'ai-je donc fait pour que vous m'honoriez d'une si précieuse amitié?

CRILLON, après un silence.
Connaissez-vous mieux, Espérance, les yeux se réjouissent de vous voir. Les âmes s'épanouissent au contact de votre âme. Rappelez-vous ce qu'écrivait votre mère : vous êtes beau, vous êtes noble, tout le monde vous aimera. Tenez, il faut m'aimer beaucoup, mon enfant, puisque vous n'avez plus que moi au monde. Et si je ne suffisais pas à vous consoler plus tard, si mon amitié n'était pas tout pour vous... vous seriez ingrat!... Mais, non, non, embrassez-moi, Espérance, mon cœur se fond quand je vous tiens dans mes bras!

ESPÉRANCE.
Merci! merci!

CRILLON, se remettant.
Ce soir, je vais à Fontainebleau, j'annoncerai mon absence au roi... nous partirons demain matin.

ESPÉRANCE.
Oui, monsieur.

CRILLON.
Pas de faiblesse! pas de faute!...

ESPÉRANCE.
Je lui ai dit adieu!

CRILLON.
A la bonne heure!

## SCÈNE X
Les Mêmes, GUGLIELMO.

GUGLIELMO.
Ah! monseigneur... je vous l'avais bien dit.

ESPÉRANCE.
Quoi donc, Guglielmo?...

GUGLIELMO.
Ce ne pouvait être dans de bonnes intentions que ces cavaliers m'ont empêché de rentrer ici vous avertir. Ils en ont fait autant à la pauvre Gratienne, qui a eu grand peur, ainsi qu'elle va vous le dire.

CRILLON.
Gratienne! Elle est donc là?...

GUGLIELMO.
Oui, monsieur le chevalier.

ESPÉRANCE.
Gratienne!

CRILLON.
Envoyée par sa maîtresse, sans doute. (Mouvement d'Espérance.) Vous gêné-je déjà, Espérance?...

ESPÉRANCE.
Fais-la entrer, Guglielmo.

## SCÈNE XI.
Les Mêmes, GUGLIELMO, GRATIENNE.

GRATIENNE, apercevant Crillon.
Ah! monsieur, vous n'êtes pas seul!

ESPÉRANCE.
Si, Gratienne, tout seul, parle.

GRATIENNE.
Monsieur, madame la duchesse vous prie de ne point partir sans l'avoir vue.

ESPÉRANCE.
Ah! elle sait donc que je pars. (Crillon regarde Espérance.)

GRATIENNE.
Madame le devine. Mais elle veut vous voir avant. Elle passera cette soirée chez elle. Je vous attendrai à la petite porte de la cour ovale, entre neuf et dix heures. — Oh! monsieur, il y a d'affreuses nouvelles!

ESPÉRANCE.
Gratienne, retiens bien ce que je vais te dire. Tu le répéteras fidèlement à ta maîtresse.

GRATIENNE.
Oh! oui, monsieur.

ESPÉRANCE.
Et quoi que je fasse, Gabrielle doit se dire : il l'a fait par amour pour moi.

GRATIENNE.
Que ferez-vous donc? ne viendrez-vous point?

ESPÉRANCE.
J'irai!... Attends, bonne Gratienne, tu te marieras quelque jour. J'ai là ton présent de noces. (Il ôte de son cou un collier.)

GRATIENNE.
Ces émeraudes? Je n'oserai jamais porter un si riche collier.

ESPÉRANCE.
Ce sont mes couleurs, garde-les en souvenir de moi. (Il l'embrasse.)

GRATIENNE.
Monsieur, est-ce bien vrai que vous viendrez? ne trompez pas madame la duchesse!

ESPÉRANCE.
J'irai!... Va! va!... Conduis-la, Guglielmo, jusqu'à l'entrée de la forêt. (Il la conduit à la porte de gauche.)

## SCÈNE XII.
ESPÉRANCE, CRILLON.

CRILLON.
Et vous irez? vous l'avez dit.

ESPÉRANCE.
Vous ne connaissez pas Gabrielle, monsieur; si j'eusse refusé, elle eût été capable de venir me chercher ici, tandis qu'elle m'attendra sans défiance.

CRILLON.
Ainsi, j'ai toujours votre parole?

ESPÉRANCE.
Ce n'est pas demain que je partirai, c'est ce soir, je vous précéderai.

CRILLON.
Votre main!

ESPÉRANCE.
La voilà. Etes-vous content de moi? Cela m'a fait beaucoup souffrir. Où irai-je vous attendre?...

CRILLON.
A Orléans. Adieu! (Il l'embrasse et sort. Revenant.) A demain!

ESPÉRANCE.
A demain! (Crillon sort.)

## SCÈNE XIII.
ESPÉRANCE, seul.
Au moment où Gabrielle croira me voir entrer chez elle, j'aurai mis entre nous deux un espace infranchissable. Moi parti, elle n'a plus rien à craindre. Elle est forte... Elle est sauvée. Partons!

## SCÈNE XIV.
ESPÉRANCE, LÉONORA.

LÉONORA, debout sur le seuil de la porte du fond.
Speranza! me reconnaissez-vous?

ESPÉRANCE.
Léonora!

LÉONORA.
Je viens vous payer une dette sacrée. Tout à l'heure vos ennemis triomphaient, vous alliez être surpris avec la duchesse. J'ai fait échouer leur complot.

ESPÉRANCE.
Vous?

LÉONORA.
J'ai laissé le temps à M. de Crillon d'arriver jusqu'à vous. J'avais cent épées pour l'arrêter, une minute suffisait pour vous perdre; vous souriez, patience!

ESPÉRANCE.
Voyons!

LÉONORA, venant désigner la porte de gauche.
A l'instant, par cette porte, Gratienne sort d'ici, elle vous apportait un rendez-vous de sa maîtresse.

Léonora!

ESPÉRANCE.

LÉONORA.
Avez-vous accepté? Si vous avez accepté, vous êtes perdu!

ESPÉRANCE.
Vous qui êtes devineresse.... devinez.

LÉONORA.
Une raillerie, pour un service: prenez garde! Vos ennemis réduits au désespoir n'ont plus rien à ménager. Il leur faut le succès à tout prix. Ils le tiennent! — N'allez pas chez la duchesse!

ESPÉRANCE.
J'écouterais Léonora, si je ne connaissais les piéges de l'Indienne Ayoubani.

LÉONORA.
Ne va pas chez la duchesse, je t'en supplie, je t'en conjure. Pars, chaque minute que tu passes ici t'enlève une année d'existence.

ESPÉRANCE.
Et que me fera-t-on, je vous prie?

LÉONORA.
Spéranza, certains oiseaux brillants, téméraires, suspendent leur nid au plus beau roseau des fleuves. Un jour l'orage s'allume, les eaux bouillonnent, le roseau déraciné roule englouti. Pars, Espérance! pars, sans regarder en arrière. Je ne puis t'en dire davantage... Je donnerais la moitié de mon sang pour te sauver.

ESPÉRANCE.
Ce roseau menacé, c'est la duchesse, n'est-ce pas?

LÉONORA.
La duchesse qui est condamnée! la duchesse qui est perdue! Rien au monde ne pourrait la sauver, rien! Je ne le peux plus, je ne le veux plus moi-même !

ESPÉRANCE, avec une ironie amère.
Je le pourrais donc, moi, puisque vous voulez m'éloigner?...

LÉONORA.
Oh! malheureux! assez! j'en ai trop dit, peut-être. Ton oreille est sourde, ton cœur est fermé! fais ce que tu voudras, cours où ta destinée t'entraîne! Seulement, à l'heure fatale, rappelle-toi tout ce que je t'ai dit : tombe et ne m'accuse pas. Adieu! (Elle s'enfuit.)

ESPÉRANCE.
Ou je puis sauver Gabrielle, et alors pourquoi hésiterais-je! ou elle est bien perdue! et j'ai encore le temps d'aller mourir à ses pieds. (Il roule son manteau sur son bras, prend son chapeau et sort.)

## ACTE V

### NEUVIÈME TABLEAU

Le salon d'Hercule à Fontainebleau. — Grande salle précédant les appartements de Gabrielle. — Au deuxième plan à gauche, vaste cheminée avec un feu d'hiver. — Portes à droite, à gauche et au fond. — Au fond, immense galerie.

### SCÈNE PREMIÈRE.

LE ROI, CRILLON, ROSNY, ZAMET, PONTIS, COURTISANS, GARDES, PAGES, HENRIETTE, DAMES. (Le Roi est seul assis, pensif devant la cheminée.)

HENRIETTE, à elle-même.
Léonora n'arrive pas!

ZAMET, à Rosny.
Monsieur, ne trouvez-vous pas le roi un peu triste?

ROSNY.
A la veille de se marier, ce n'est pas surprenant.

ZAMET.
Ah! monsieur, ce n'est pas là le mariage que nous rêvions.

ROSNY.
Votre duché est loin.

ZAMET, à part.
Pas si loin que tu penses.

### SCÈNE II.

LES MÊMES, LÉONORA.

LÉONORA, se glissant près d'Henriette.
Me voici!

HENRIETTE.
Viendra-t-il?

LÉONORA.
Il vient.

HENRIETTE.
J'en étais bien sûre... je le connais!

LÉONORA.
Votre avis anonyme, il est temps de l'envoyer au roi.

HENRIETTE, lui montrant le Roi de plus en plus sombre.
C'est fait. Regarde!

LÉONORA.
Il ne peut soupçonner d'où part la dénonciation?

HENRIETTE.
Impossible. Voici ma phrase : « Certaine dame que vous croyez » seule, attend cette nuit de la compagnie. » (Tandis qu'elle parle, le Roi a tiré la lettre de sa poche, il la lit, puis la froisse et la jette au feu. Il se lève enfin et arpente la galerie en silence.)

UN PAGE, au Roi.
Madame la duchesse prie Votre Majesté de l'excuser ce soir. Elle souffre, et voudrait demeurer chez elle, sauf les ordres du roi.

LE ROI, à part.
Ah! (Haut.) Au fait, demain de bonne heure elle part pour aller faire ses dévotions à Paris. Mieux vaut qu'elle se repose ce soir. Cela te regarde un peu, Zamet, toi qui lui offres l'hospitalité. Une hospitalité royale, n'est-ce pas?

ZAMET.
Je ferai de mon mieux, sire.

LE ROI, à lui-même.
Elle reste chez elle!

HENRIETTE.
Et moi, sire, la chasse d'aujourd'hui m'a brisée... Je supplie Votre Majesté de permettre que je me retire.

LE ROI.
Vous aussi... Il est vrai que la chasse de Fontainebleau est fatigante pour les dames! Allez, mademoiselle, allez... quelque regret que nous cause votre absence. (Elle s'incline.)

HENRIETTE, bas à Léonora.
Dans deux heures, notre destin à tous sera fixé. (Elle sort par la galerie.)

LÉONORA, à part.
Pauvre Espérance! (Elle se retire par la porte de droite.)

LE ROI.
Nous n'avons pas de bonheur ce soir avec les dames, mon brave Crillon... A propos, quand nous quittes-tu pour courir les champs?

CRILLON.
Le plus tôt possible... s'il plaît à Votre Majesté... Demain!

LE ROI, avec un soupir.
Va, Crillon, va, et tâche de te divertir. Tu n'es pas roi, toi!

CRILLON.
Heureusement!

LE ROI se remet à marcher. Il aperçoit à l'extrémité, à droite, un garde qui s'est endormi sur une banquette. A Crillon.
Dis donc, voilà un de tes gardes qui ne se gêne guère.

CRILLON.
En faction, harnibieu! (Reconnaissant Pontis.) Ah! bon! bon! Ne faites pas attention, sire, c'est notre désespéré.
(Chacun regarde le dormeur, que les flambeaux et le bruit ne réveillent pas.)

LE ROI.
Pourquoi désespéré?

CRILLON.
Il m'a conté cela tout à l'heure. Une brouille avec son meilleur ami... pour des bêtises... pour des femmes... Damnés oiseaux! (Secouant Pontis.) Holà hé! (Pontis, effaré, se réveille et se dresse.)

LE ROI.
Je le connais... c'est un bon soldat.

CRILLON.
C'est votre meilleur. Un sacripant qui vaut son pesant d'or... Il veut se noyer ou se rendre ermite... Il m'a dit qu'il déserterait... Oui, déserte, tête de bois, je te ferai hacher en petits morceaux.

PONTIS, absorbé.
Cela m'est bien égal.

LE ROI.
Reste à mon service, cadet... Je te trouverai des occasions. (Le Roi redevient pensif. — Pontis regagne sa place.)

CRILLON, bas à Pontis.
Voyons, je parlerai demain à Espérance. (Lui prenant le menton.) C'est qu'il est déjà changé, harnibieu!... Quel âne!
(Il lui frappe sur l'épaule, Pontis tombe écrasé sur son siége et se relève aussitôt.)

LE ROI, rêvant.
M'assurer par moi-même... De l'espionnage... impossible! Ne pas surveiller... qui sait? Cette Henriette... hum!... (Il secoue la tête.) Elles sont logées toutes deux sur le même degré... Au milieu de la galerie on verrait chez l'une et chez l'autre... J'ai mon moyen... (Il passe, et son regard croise le regard brillant de Pontis.) Je tiens mon homme! (Haut.) Eh bien! messieurs, si nous allions jouer? J'ai idée que je gagnerai ce soir!... Passez toujours, je vous suis... (Un grand nombre de courtisans sortent de la salle. Quand il n'en reste plus à portée de la voix, à Pontis :) Viens çà, garde! Je vais te placer dans un passage à chaque extrémité duquel il y a une porte.

Si un homme sort par l'une ou l'autre de ces portes, tu le suivras... sans bruit... jusqu'à ce que tu aies vu son visage...

PONTIS, sombre.

Je le verrai.

LE ROI.

Mais si on te résiste? si on t'échappe?

PONTIS.

Qu'on ne s'y fie pas, je suis de mauvaise humeur.

LE ROI.

Je ne me coucherai pas que tu ne m'aies fait ton rapport. (Fausse sortie.) Ah! tiens-toi sous ma main, j'ai à te remettre quelque chose dont tu peux avoir besoin. (A lui-même.) Ce ne peut pas être Gabrielle!... (Il sort par la salle voisine, il disparaît suivi de ses pages. Pontis le suit.)

### SCÈNE III.

GRATIENNE, GABRIELLE, ESPÉRANCE. (A peine tout le monde a-t-il disparu, que Gratienne entre. Elle va regarder à la porte du fond — puis elle ouvre la petite porte à droite. Dix heures sonnent au loin dans Fontainebleau.)

GABRIELLE, à la porte de gauche.

Est-il arrivé?

GRATIENNE.

Le voici.

GABRIELLE.

Ami.

ESPÉRANCE.

Madame!

GABRIELLE.

Toute la cour est au jeu du roi... Dans cette salle où nous sommes, personne ne peut venir que par la galerie, et l'on n'enlèvera pas Gratienne, ici, comme dans la forêt... Savez-vous ce qui se passe?

ESPÉRANCE.

Vos ennemis préparent un coup décisif: me voici.

GABRIELLE.

Le coup est porté... Il s'agissait de remplacer la maîtresse du roi par une autre maîtresse... Ils ont réussi... à l'heure qu'il est, mademoiselle d'Entragues, votre ancienne amie, a entre les mains cent mille écus, et une promesse de mariage du roi.

ESPÉRANCE.

Une promesse.

GABRIELLE.

Oui, au moment où le roi me donnait sa parole, il donnait sa signature à cette femme. Et moi, je vous sacrifiais; je déchirais mon cœur.

ESPÉRANCE.

Cette promesse, je n'ai qu'un mot à dire, un geste à faire, elle est anéantie.

GABRIELLE.

Supposez-vous que je tienne encore à ce que peut réclamer mademoiselle d'Entragues? On dirait vraiment que vous cherchez à me consoler! Moi, contester ou combattre les droits d'une pareille rivale! Allons. Espérance, ne nous souillons pas l'esprit ou les lèvres à parler de ces fangeuses intrigues; parlons de nous, de nos serments fidèles, de nos épreuves si bravement subies, reposons-nous de ces trafics infâmes en serrant nos mains loyales. Car je suis bien libre, Espérance, osez dire que je ne le suis pas!

ESPÉRANCE.

Oh! prenez garde à la colère, prenez garde à l'indignation. Le roi méprisera demain sa nouvelle maîtresse, il tombera demain à vos pieds.

GABRIELLE.

Tu ne sais rien, malheureux! Demain, dis-tu, je serai la femme du roi, je serai reine? Eh bien! demain, la femme du roi descendra chez Zamet le Florentin, elle soupera chez ce serviteur fidèle. Un de ces festins splendides... un festin d'Italie... où le poison est sous les fleurs! Demain, à l'heure qu'il est, Gabrielle, ta Gabrielle, Espérance, sera un cadavre sur lequel Florence veut faire monter la véritable reine Marie de Médicis. — Tu comprends, maintenant?

ESPÉRANCE, à part.

Oh! Léonora!

GABRIELLE.

Il est vrai que ce ne sera peut-être pas précisément demain. Mais enfin, c'est demain que vous partez, Espérance, et je voulais vous dire un dernier adieu.

ESPÉRANCE, épouvanté.

Je ne vis plus de vous savoir ici.

GABRIELLE.

Et moi, depuis que j'ai découvert l'horrible trame, je n'ouvre plus les yeux... je ne respire plus... La mort est toujours là, je la devine, je la sens!... Tiens! je brûle, n'est-ce pas, mes lèvres sont arides, eh bien! je n'approcherais pas une goutte d'eau de mes lèvres... c'est peut-être aujourd'hui qu'ils veulent me tuer!

ESPÉRANCE.

Assez! Quand partons-nous?

GABRIELLE.

J'ai fondé une abbaye à Maulevrier, je m'y retire avec mon fils... Demain, aux portes de Paris, de Paris où m'attend Zamet et où je n'entrerai pas, faites-moi préparer des chevaux, Espérance.

ESPÉRANCE.

Bien!

GABRIELLE.

Je courrai toute la nuit, au point du jour je serai en sûreté.

ESPÉRANCE, timidement.

Et moi?

GABRIELLE.

Vous, Espérance, vous m'attendrez un an,... vous réfléchirez... dans un an, si vous m'aimez encore et si vous me jugez digne de cet honneur, venez chercher votre femme.

ESPÉRANCE, se jette à ses pieds, elle le relève.

GRATIENNE.

On a marché dans la galerie.

GABRIELLE.

Le roi quitte le jeu peut-être, je vais à sa rencontre.

ESPÉRANCE.

Je pars.

GABRIELLE, l'arrêtant.

Encore...

GRATIENNE.

Laissez-le partir, madame, s'il venait à rencontrer quelqu'un, si on le voyait...

GABRIELLE, lui tendant les bras.

Tu ne m'as pas dit si tu m'aimes!

ESPÉRANCE, à Gabrielle.

Faut-il répondre? (Il revient, l'embrasse avec transport.)

GRATIENNE.

Par grâce, monsieur, partez, partez! (Elle les sépare.)

GABRIELLE, à la porte du fond.

Adieu!...

ESPÉRANCE.

Adieu!... (Il part. Gratienne le conduit par les appartements de Gabrielle.)

---

### DIXIÈME TABLEAU

La cour de l'Orangerie à Fontainebleau. — Au fond, le château et les jardins dans la brume d'une nuit d'automne. — Au dernier plan, galerie ouverte suspendue sur des arcades, qui communique, à gauche, au pavillon occupé par Gabrielle, à droite à un vaste escalier qui descend dans la cour. — Sous ces arcades, grille ouvrant sur une autre cour éclairée par la lune. — A gauche, au premier plan, escalier tournant dans une tourelle octogone; porte en bas, fenêtres à chaque étage de cette tourelle. — Plus loin, aussi à gauche, mur garni d'une treille qui sépare la cour de l'Orangerie d'un jardin voisin. — Il fait nuit.

### SCÈNE PREMIÈRE.

ESPÉRANCE, PONTIS.

(Espérance sort du pavillon, reconduit par Gratienne qui referme la porte sur lui. Il traverse la terrasse; à peine est-il à l'extrémité où aboutit l'escalier de droite, qu'un homme se lève de la terrasse et le suit.)

ESPÉRANCE.

Me suivrait-on? (Il descend pour aller à la grille de l'Orangerie, il y trouve un poste de soldats qui allument du feu. Il rebrousse chemin ci, voyant toujours l'homme qui a descendu derrière lui, il se blottit dans un angle et attend.

L'homme va droit à la grille, comme avait fait Espérance, et rebrousse chemin ainsi que lui, en cherchant dans les ténèbres. — Espérance profite d'un moment où l'espion a le dos tourné pour courir à une porte qu'il ouvre et referme sur lui. Cette porte est celle de l'escalier tournant, qui remonte vers une autre aile du château. Il gravit quelques marches et s'assied à la fenêtre du premier étage pour se reposer, puis silencieusement de la découverte de son espion. Tout à coup il entend crier la serrure. L'espion a une clé comme lui. Il ouvre une fenêtre et saute en bas. L'espion arrive hors d'haleine, puis, lorsqu'il le voit marcher sur lui, il s'élance et lui enveloppe la tête de son manteau. — Lutte. — L'homme renversé tire son épée. — Espérance revient, brise cette épée dans le drap même du manteau, puis y roule plusieurs fois l'espion et s'élance vers le treillage, qui, du sol de l'Orangerie monte jusqu'au faîte du mur.

Cependant l'espion s'est débarrassé. — Il respire. — Il cherche, écumant de fureur. — Tout à coup la lune se lève, au moment où Espérance atteint la crête du mur. L'autre, c'est-à-dire Pontis, l'aperçoit; une seconde de plus, Espérance va disparaître.

PONTIS, ramassant son pistolet.
J'ai dit que je verrais son visage. (Il tire.) Je le verrai.
(Le treillage plie. Espérance blessé s'y accroche convulsivement, et tombe à la renverse.)

PONTIS, avec une joie sauvage.
Ah!

ESPÉRANCE.
Pontis!

PONTIS, frappé du son de cette voix.
Espérance!

ESPÉRANCE, faiblement.
Tu m'as tué.

PONTIS.
Ah! j'ai tué Espérance! — Oh! mon Dieu, c'est mon ami que j'ai tué! — Oh! mon Dieu!

ESPÉRANCE.
Tais-toi. Aide-moi à sortir d'ici. Porte-moi, soutiens-moi. — Non, tu m'étouffes, laisse couler mon sang, je meurs.

PONTIS.
Ne dis pas cela, ou je m'arrache le cœur à tes pieds.

ESPÉRANCE.
Eh bien, cache-moi, enterre-moi vivant, qu'on ne me trouve pas, ou Gabrielle est perdue. — Tu vois bien qu'on vient. — Sauve son honneur, ou je te maudis!

PONTIS, frappé d'une inspiration.
Sois tranquille! (Il arrache le reliquaire de la poitrine d'Espérance, en tire le billet, jette au loin la boite d'or. Espérance s'adosse à l'escalier, debout, soutenu par Pontis.)

ESPÉRANCE.
Je te comprends! merci.

## SCÈNE II.

LE ROI, ROSNY, par les grilles ouvertes; HENRIETTE, ZAMET, par la droite. SEIGNEURS, DAMES, PAGES, GARDES, portant des torches, et se groupant sur les terrasses et l'escalier.

ROSNY.
Un coup de feu, qu'y a-t-il?

ZAMET.
Un homme blessé.

LE ROI.
Un blessé! qui donc?

PONTIS.
C'est mon ami, c'est mon frère.

HENRIETTE.
Espérance!

LÉONORA, avec désespoir.
Oh!

LE ROI.
D'où venait-il donc?

PONTIS, montrant Henriette.
Il sortait de chez madame.

HENRIETTE.
De chez moi, il ment!

PONTIS, pâle et terrible.
Vous le reniez, vous qui êtes cause que je l'ai tué. Vous lui avez donné rendez-vous!

HENRIETTE.
Sire, je vous dis qu'il ment!

PONTIS, montrant le billet au roi.
Tenez, sire. (Lisant). « Cher Espérance, tu sais où me trouver, tu n'as oublié ni l'heure ni le jour fixés par ton Henriette, qui t'aime... » (Lui donnant le billet). Lisez, lisez!

HENRIETTE, écrasée.
Je suis perdue!

ESPÉRANCE, avec triomphe.
Je te bénis!

## SCÈNE III.

LES MÊMES, CRILLON.

CRILLON.
Qui donc blessé? (Apercevant Espérance). Mon fils! (Il le prend dans ses bras.)

ESPÉRANCE.
Quel bonheur! Mourir dans les bras d'un tel père!

VOIX dans les groupes.
Madame la duchesse! Madame la duchesse! (Gabrielle paraît au fond sur la terrasse.)

LE ROI.
Oh! éloignez-la, éloignez-la de cet affreux spectacle. (Il se détourne entraîné lui-même par Rosny.)

ESPÉRANCE.
Gabrielle! (A Crillon). Mon père! Son honneur est sauvé. Qu'elle ne détruise pas mon ouvrage! Adieu, Pontis. (A Crillon.) Ce baiser pour vous, celui-ci pour elle. (Il meurt.)

## SCÈNE IV.

LES MÊMES, GABRIELLE.

GABRIELLE, qui a traversé la foule et descendu l'escalier malgré les efforts qu'on a faits pour la retenir. Arrivée au bas du grand escalier.
Laissez-moi, je passerai!

CRILLON, d'une voix tremblante.
Madame, Espérance est mort pour vous, il vous défend de pleurer sa mort.

GABRIELLE.
Il ne me défend pas de mourir! Zamet, à demain!

LÉONORA, à Zamet.
Écris à Florence... notre duchesse est reine.

FIN.

www.ingramcontent.com/pod-product-compliance
Lightning Source LLC
Chambersburg PA
CBHW060706050426
42451CB00010B/1288